JN246584

古事記神話と日本書紀神話

岸根 敏幸 著

晃洋書房

目次

はじめに ………… 1

第一章　国生みの神話 ………… 5

一　別天つ神と神世七代をめぐって　5
天地の分離／「高天原」という術語／別天つ神の登場／神世七代の登場／神世七代が意味するもの

二　国生みをめぐって　16
国生みの始まり／そのほかの違い／国生みの具体相／亦の名などの併記／亦の名などの併記が意味するもの

三　神生みをめぐって　28
神生みの記述／記述の分量的な違い／古事記神話における自然と神／日本書紀本文神話における自然と神／自然以外の事物について

四　黄泉つ国往還をめぐって　39
黄泉つ国往還の記述／黄泉つ国を認めない日本書紀本文神話／日本書紀別

伝神話に見られる黄泉つ国往還の記述
五　統治する神をめぐって　46
生まれた子とその位置づけ／ツクヨミの統治／スサノヲの位置づけ／葦原の中つ国の統治①／葦原の中つ国の統治②
第二章　高天原の神話……59
一　スサノヲのウケヒをめぐって　59
スサノヲの昇天／ウケヒについて／スサノヲのウケヒに見られる違い／高天原におけるスサノヲの乱行／アマテラスの対応
二　天の石屋籠もりをめぐって　70
天の石屋籠もりの影響／天つ神たちの企て①／天つ神たちの企て②／アマノウズメの活躍／スサノヲへの対応①／スサノヲへの対応②
三　オホゲツヒメの殺害をめぐって　84
位置づけに関する問題／食物を乞うこと／スサノヲによる殺害／スサノヲと穀物などの種／ウケモチ殺害神話との比較

第三章　出雲の神話……97

一　ヤマタノヲロチの退治をめぐって　97

老いた両親と娘／ヤマタノヲロチという存在／ヤマタノヲロチの退治／草なぎの剣の発見／スサノヲの宮が意味するもの

二　オホナムヂへの言及をめぐって　108

スサノヲとオホナムヂの系譜関係／「オホナムヂ」とその異名①／「オホナムヂ」とその異名②／古事記神話のオホナムヂ①／古事記神話のオホナムヂ②／日本書紀神話のオホナムヂ

三　出雲の神話の位置づけをめぐって　122

出雲の神の系譜／オホナムヂの扱いに関する違い

第四章　天降りの神話……127

一　天降りの経緯をめぐって　127

アマテラスとタカミムスヒ／オホナムヂの国作りと天つ神の介入／天降りの命令①／天降りの命令②

二　使者の派遣をめぐって　136

国つ神への対応／アマノホヒの派遣／アマノワカヒコの派遣とその死／ア

マノワカヒコの葬儀とアヂスキタカヒコネの登場①／アマノワカヒコの葬儀とアヂスキタカヒコネの登場②／武闘神の派遣
三　オホナムヂの国譲りをめぐって　150
国譲りの交渉／オホナムヂの国譲りが意味するもの
四　天降りをめぐって　154
天降る神の変更／ホノニニギの天降り／サルタビコとの接触／天降った場所
第五章　日向の神話……165
一　ホノニニギの軌跡をめぐって　165
コトカツクニカツナガサという存在／ホノニニギの結婚①／ホノニニギの結婚②／コノハナノサクヤビメの出産／ホノニニギの子に関する違い
二　ホヲリの軌跡をめぐって　176
海のサチを得る兄と山のサチを得る弟／シホツチの助言とワタツミの宮訪問／ワタツミへの接近／ワタツミによるホヲリの支援／ホデリの服従が意味するもの
三　ウカヤフキアヘズの軌跡をめぐって　188

トヨタマビメの出産／ウカヤフキアヘズという存在
略号表 …… 193
注記 …… 197
あとがき …… 231
初出一覧 …… 234

はじめに

『古事記』「上《かみ》つ巻」に記された神話と『日本書紀』「神代《かむよ》」に記された神話は、日本神話研究の歴史において、あるいは、それらを神典として仰いできた神道の実際の場においても、「記紀神話」という表現でまとめられ、それぞれ補い合うものとして扱われてきた場合が多い。たしかに両神話は天《あめ》と地《つち》の分離に始まって、のちに初代天皇となるカムヤマトイハレビコの登場で終わっており、最初から最後まで、物語の展開という点では共通しているところが多くある。まったく異なる神話に比べるならば、両神話はほとんど同じ神話であると言えなくもないであろう。

しかし、両神話を比較してみると、実に多くの違いを見いだすことができる。それらには些細な違いもあるが、捉え方によっては、根本的な世界観の違いにまで及んでいるものもある。端的に言うならば、古事記神話と日本書紀神話の関係は、「違うもののようであるが、結局は同じものである」ではなくて、「同じもののようであるが、結局は違うものである」と見なすべきなのである。

今日に至るまで、作品論的な研究が日本神話研究における主流を占めており、その流れにもとづいて、特に古事記神話については多くの研究が蓄積されてきた。それらの研究成果によるかぎり、古事記神話と日本書紀神話を「記紀神話」という表現でまとめて論じることは、少なくとも学術的には不可能になったと言ってよいであろう。

このような研究の流れを受け継いで、今後の研究課題としては、古事記神話と日本書紀神話のそれぞれの特色を明らかにするためにも、両神話の記述を比較して、その違いを徹底的に考察する必要があるだろう。それは、おそらく年代的にある程度近い時代に、二つの異なる神話体系が編纂されるに至った、思想的、社会的な背景を解明することにもつながると思われる。

ところで、日本書紀神話の場合、文章が記述されたあと、それとは別に、「一書に曰《あるふみ》く」という表現で始まる記述が付加されている。本書では前者を「日本書紀本文神話」、後者を「日本書紀別伝神話」と呼んで区別することにしたいが、それらのなかで、編纂者が正式に認める神話は前者だけであり、後者は結局のところ、傍系の資料として扱われている。したがって、日本書紀神話に含まれているからといって、それがすべて編纂者によって正式に認めているとはかぎらないのである。

たとえば黄泉《よも》つ国という世界は日本書紀神話に多く登場するのであるが、日本書紀本文神話にはまったく登場しない。つまり、これは、『日本書紀』の編纂者が黄泉つ国をなんらかの理由によって、自らが認める神話から除外していたことを意味しているのである。このように、日本書紀神話には、実際に記述があっても、編纂者がそれを正式に認めているとはかぎらないような記述がある。というよりも、そのような記述の方が分量的には圧倒的に多いのである。

古事記神話と日本書紀神話を「記紀神話」と呼んで、互いに異質である可能性が高いのに、同じものとして扱ってきた点については、前述のとおりであるが、日本書紀神話自体についても、本文神話と別伝神話を区別せず、必要に応じて、補い合うものとして扱ってきた場合が多い。しかし、そのような扱い方は、『日本書紀』の編纂者の意図を見誤らせる危険性があるだろう。

このような理由から、古事記神話と日本書紀神話を比較する場合、その日本書紀神話をあくまでも日本書紀本文神話に限定する必要がある。さもなければ、厳密な意味での比較にはならないからである。ただし、たとえばイザナキの黄泉つ国往還やオホナムヂの根の堅州《かたす》国往還のように、古事記神話には見られるのに、日本書紀本文神話にまったく見られないような記述もある。そのような場合に、古事記神話の記述に近いものが日本書紀別伝神話に見られることがあるので、考察のための参考として、日本書紀別伝神話についても適宜、言及することを付言しておきたい。

なお、前述のように、古事記神話と日本書紀神話は物語の展開としては共通した内容をもっている。そこで、考察の便宜上、話の進行に注目して、神話全体を分類しておきたい。これまでの先行研究では、高天原《たかあまはら》（通常、「高天の原」とする）神話、出雲神話、日向《ひむか》（通常、「ひゅうが」と読ませる）神話という三つの分類や、この分類の高天原神話のまえに国生み神話を置く四つの分類などが存在しているが、天つ神の御子を天降りさせるために、使者を派遣する話やホノニニギが天降りする話は、出雲神話、日向神話のどちらとも言えない側面があるので、独立させた方がよいであろう。したがって、本書では、「国生みの神話」「高天原の神話」「出雲の神話」「天降りの神話」「日向の神話」という五つに分類し、各章を構成する枠組みとして位置づけたいと思う。

第一章　国生みの神話

本章では、天《あめ》と地《つち》が分離してから、やがてイザナキとイザナミという一対の男女神が現れて、大八《おほや》嶋《しま》国（これは古事記神話での表記。日本書紀神話では「大八洲国《しま》」と表記される）を中心とする地上の国土を生み出すまでの神話を「国生みの神話」と捉えて、主だった違いに注目しながら、古事記神話と日本書紀本文神話の記述を比較検討することにしたい。

一　別天つ神と神世七代をめぐって

天地の分離

世界の成り立ちに関しては、古事記神話と日本書紀本文神話のどちらも、上方の領域が天、下方の領域が地という形に分離していったと説明しており、その内容は基本的に一致していると考えてよいであろう。しかし、日本書紀本文神話では天と地が分離する以前の状態についても言及し、「天地未だ剖《わか》れず、陰陽《めを》分れず、混沌にして鶏子《とりのこ》の如く」と述べている。天と地が分離する以前は「混沌」、すなわち、形状がまだ定まっておらず、鶏の卵のような状態であったと説明しているのである。このような記述は古事記神話には存在していない。古事記神話の場合、日本書紀本文神話とは異なり、天と地が分離したところから神話が始まることになるであろう。

ただし、この点については『古事記』の序文という存在を考慮する必要がある。そこには、天と地が分離する以前の状況について、「混元既に凝りて、気象未だ効《あらは》れず。名も無く、為《わざ》も無し」という記述があり、天と地が分離する以前は形状の定まらないカオスの状態であったとしているのである。したがって、この序文の記述を古事記神話に含めて考えるならば、天と地が分離する以前の状態についても、両神話の記述は基本的に一致していることになるのであるが、実はここに一つの問題があって、この序文が本当に『古事記』本来の序文であるのかという真偽性が先行研究において議論の対象になっていて、いまだ結論には至っていないのである(1)。

この序文はどの古事記写本にも含まれているものであり、すべての古事記刊本において本文とともに掲載されている。したがって、文字どおり、現行の『古事記』の序文として位置づけられているものなので、その記述を除外したり、無視したりするということは、もちろん問題ではあるが、このように、『古事記』の本文に記述されていないことが、序文のみに記述されている場合、その取り扱いには慎重にならざるをえない。もしこの序文が『古事記』本来の序文でないとするならば、それは古事記神話を誤って理解することになってしまうからである。

したがって、この序文の真偽性がはっきりしない以上、序文にしかない記述にもとづいて、古事記神話の基本的な特色について論じることは、避けるべきではないかと考えられる。このような事情から、本書では、日本書紀本文神話と同様に、『古事記』の序文には天と地が分離する以前をカオスの状態と捉える記述があるけれども、『古事記』の本文では天と地が分離する以前の状態について特に言及してはいないと指摘するにとどめたい。

「高天原」という術語

古事記神話では、天と地の分離について言及する際に「高天原《たかあまはら》」という術語が登場している。この「高天原」は「天」と同じように、上方の領域を指している術語と思われるが、一方の「天」が「地」と対比されて、神話における自然的な世界を構成するものの一つとして位置づけられているのに対して、他方の「高天原」に対比されるのは地上にある「葦原の中つ国」などの国なのであって、高天原は神話における自然的な世界というよりは、社会的な世界を構成するものの一つとして位置づけられているように思われる(2)。

しかし、日本書紀本文神話においてこの高天原という世界が正式に認められていたのかどうかについては、意見の分かれるところであろう。なぜならば、そこにはつぎのような問題が存在しているからである。日本書紀本文神話には「高天原」という術語が一度登場しているとされており（神話を離れた記述では「高天原」という術語は確実に登場している）、たとえ一度であっても、もし登場しているのであれば、『日本書紀』の編纂者が、「高天原」と名づけられる世界の存在を認めていることになるのであるが、日本書紀本文神話で「高天原」という術語が出てくる部分については、テキスト上の問題があって、写本によって異なる記述になっている。「高天原」となっている写本もあれば、「原」という語が欠落した「高天」となっている写本もあって、実際のところ、「高天原」なのか、それとも、「高天」なのか、断定できない状況になっているのである。(3)

このような状況が生じた理由について合理的な説明をしようとするならば、つぎのような可能性を想定することができるであろう。一方の「高天原」となっている写本については、書写する元の写本で「高天原」であったという可能性と、元々は「原」という語がない「高天」であったのに、それを書写した者などが、「高天」というのは「高天原」の誤りであると考えて、「原」という語を補ったという可能性の二つを想定することができるであろう。他方の「高天」となっている写本については、書写する元の写本で「高天」であったという可能性と、元々は「高天原」であったのに、それを書写した者などが、なんらかの理由によって、「原」という語を写さなかったという可能性の二つを想定することができるであろう。

これらはあくまでも想定しうる可能性をあげたまでのことであって、そのなかから一つの事柄を正しいものとして、排他的に選択することは難しいように思われる。なぜならば、そのような選択をするための明確な根拠を見いだすことができないからである。したがって、日本書紀本文神話で「高天原」という術語が実際に用いられていたのかどうかについては、現在のところ、確定的な判断を下すことはできないのである。

このように、日本書紀本文神話において高天原という世界が正式に認められていたのかどうかについては、追究の決め手を欠いている状況にあるが、たとえそうであっても、つぎのように指摘することはできるように思われる。もし日本書紀本文神話が高天原という世界を正式に認めて、「高天原」という術語を導入しているのであるならば、もう少し適切な記述の仕方があったはずであろう。しかし、実際のところ、古事記神話のように、神話の冒頭で華々しく登場させるわけでもなく、神話の途中でたった一度だけ、スサノヲがアマテラスのいる高天原に向かおうとする記述のなかで、断片的に言及しているにすぎないのである。そのような言及の仕方からして、たとえ高天原という世界を正式に認めていたとしても、古事記神話とは大きく異なって、高天原という世界を積極的に説き記そうとする意図を感じとることは難しいと指摘することができるのである。

別天つ神の登場

古事記神話では天と地が分離した直後に、「別天《こと》つ神」という術語で表される五柱《いつはしら》の神が相次いで登場している。それはアマノミナカヌシ、タカミムスヒ、カムムスヒ、ウマシアシカビヒコヂ、アマノトコタチという神である。これに対して、日本書紀本文神話では「別天つ神」という術語が用いられることはないし、天と地が分離した直後に、この五柱の神のいずれも登場することはないのである。ただし、タカミムスヒだけは、ホノニニギを天降りさせるため、葦原の中つ国に使者を派遣するという話から始まる日本書紀神話の後半の段落（第九段）において、「皇祖《みおや》」と位置づけられ、かなり唐突な形で登場している。

古事記神話の説明によると、別天つ神は身を隠している[4]と位置づけられている。この身を隠しているというのは、実際の現象世界において姿を隠して存在しているということではなく、そのような世界とは一線を画する形で、存在していることと考えられる。身を隠しているという位置づけが「独り神」[5]、すなわち、男女の性別が確立する以前の単独の神と常に結びつけられている点からもわかるように、別天つ神は元来、表象されることのない存在なのであって、現象世界において姿を見せることは基本的にないのである。[6]したがって、これらの神は現象世界において具体的になんらかの行動をする存在者ではなく、その世界の背後にあって、姿形のある存在を支えている力のようなものと考えた方が妥当であろう。そのような解釈にもとづいて、別天つ神の登場はつぎのようなことを示していると捉えることができるのである。

①アマノミナカヌシ——天に中心をもたらし、秩序ある世界に仕立てているということ。

②タカミムスヒ、カムムスヒ——その世界に、なにかを生成する力を与えているということ。
（ムスヒの神が二柱《ふたはしら》存在しているのは、高天原、葦原の中つ国という二つの世界の生成に対応しているからであると考えられる）

③ウマシアシカビヒコヂ——その生成する力に、葦の芽のような勢いを与えているということ。

④アマノトコタチ——天を維持する土台を与えているということ。

これらのことから、別天つ神は、天上の発展してゆく過程を具体的に描写していると考えられるのであり、古事記神話ではそれを、「ついで」という接続の語をあいだに挿入し、神名を列挙してゆくという形でおこなっているのである。

　これに対して、日本書紀本文神話では、この別天つ神に対する言及がまったくないのであるが、日本書紀別伝神話にある神話では、アマノミナカヌシとカムムスヒ（第一段の第四書）[7]、ウマシアシカビヒコヂ（第一段の第二書、第三書）、アマノトコタチ（第一段の第六書）が登場しているので、それらと前述のタカミムスヒを合わせるならば、別天つ神として位置づけられている五柱の神がすべて登場していることになる。したがって、『日本書紀』の編纂者は、これらの神の存在について知ってはいたが、タカミムスヒ以外の神については、日本書紀本文神話においてあえて言及する必要はないと判断していたと指摘することができるであろう。

　このような取り扱い方は、「高天原」という術語を使用しなかったか、あるいは、使用していたとしても、それを積極的に説き記そうとする意図がなかったという、直前の項における指摘とも呼応しているように思われる。端的に言うならば、『日本書紀』の編纂者は、日本神話を述べるにあたって、天という世界の成り立ちについて詳しく述べようとする意図をもたなかったと考えられるのである。この点は、古事記神話とは際だった違いであると言えるであろう。

神世七代の登場

別天つ神に続いて登場するのが「神世七代《かむよななよ》」と呼ばれる神である。神世七代については、別天つ神の場合と異なって、古事記神話と日本書紀本文神話の両方にその記述自体は存在しているが、違いも見られる。まず特に目立つ違いとして、神世七代の各代の神が完全には一致していないこと、それに伴って、神の総数も一致していないことがあげられる。そこで、古事記神話と日本書紀本文神話で記されている神世七代の神をあげると、つぎのようになる（丸囲みの数字は、神世七代における代数を示している。また、ここで中黒によって結びつけられている二柱の神は、男女一対になっている神を示す）。

古事記神話

①クニノトコタチ　②トヨクモノ　③ウヒヂニ・スヒチニ　④ツノグヒ・イクグヒ

⑤オホトノヂ・オホトノベ　⑥オモダル・アヤカシコネ　⑦イザナキ・イザナミ

日本書紀本文神話

①クニノトコタチ　②クニノサツチ　③トヨクムヌ　④ウヒヂニ・スヒヂニ

⑤オホトノヂ・オホトノベ　⑥オモダル・カシコネ　⑦イザナキ・イザナミ

この一覧からもわかるように、古事記神話では、四代目にツノグヒとイクグヒという男女一対の神が登場しているのに対して、日本書紀本文神話ではそれらの神が登場しておらず、それに代わって、二代目にクニノサツチという神が登場している。その結果として、二代目から四代目までの神が両神話で一致しなくなっており、登場する神の総数も、古事記神話で十二柱であるのに対して、日本書紀本文神話では十一柱になっている。

それ以外の違いとしては、男女一対の神が登場するまでの神に対する位置づけが異なっていることがあげられるであろう。古事記神話では、クニノトコタチとトヨクモノという二柱の神を、別天つ神と同様に、男女の性別がまだ確立していない「独り神」として捉えているのに対して、日本書紀本文神話では、クニノトコタチ、クニノサツチ、トヨクムヌという三柱の神について、「乾道《あまのみち》独り化《な》す。所以に、此の純男《ひたを》を成せり」と述べていて、女性的な性質がまだ成立していない状況で、「純男」、すなわち、純粋に男性的な性質によって成り立っている神として捉えているのである。つまり、古事記神話では、性別未分の状態から男性と女性が等しく現れてくると捉えているのに対して、日本書紀本文神話では男性を本来的な存在として位置づけて、男性を女性よりも優先させて捉えているのであり、両神話は男女の性の位置づけに関して、理解を異にしていると言えるのである。

このように、神世七代に登場する神そのものについての違いが見られるのであるが、それに先行する別天つ神の部分まで通して眺めるならば、神話で最初に登場する神が、古事記神話ではアマノミナカヌシ、日本書紀本文神話ではクニノトコタチということになって、両神話で一致していないということも指摘できるであろう。

このことは単なる順番の問題にとどまるものではなく、この世界の成り立ちについて語ってゆく視点そのものが異なっていると指摘することもできるのである。古事記神話で最初に登場するのは、天という上方の領域を、秩序ある世界へと変えてゆくことを表しているアマノミナカヌシなのであって、神話の始まりにおいて、まず天上の発展過程について語ろうとしているのであるが、日本書紀本文神話で最初に登場するのは、地上にある国をしっかりと支えることを表しているクニノトコタチなのであって、天と地が分離したあとは、天上の成り立ちについて特に言及することなく、地上だけに視線を注いでいると言えるのである。

神世七代が意味するもの

神世七代に関する記述がどのような意味を担っているのかについては、先行研究でも様々に論じられているが、意見の一致を見てはいない。しかし、その記述が日本神話のしかるべき文脈のなかに現れているという基本線は、認識しておく必要があるように思われる。したがって、大地すらまだ存在していないという状況なのに、村落や家屋への侵入を防ぐ防塞守護神が現れたなどというような指摘(8)は、妥当なものとは言えないであろう。

かつて論じたように、筆者は、日本神話――特に古事記神話――における神の登場は、神話という物語のなかで活躍する存在者がただ単に現れるだけではなく、その名が示している事態の描写をも意図している場合があると捉えている(9)。それは、神名を列挙することに終始している神話の最初の部分に著しく見られる特色であると思われる。このような捉え方が妥当であるならば、別天つ神の登場によって、天に秩序と生成の力が備わったことを描写していると考えられるように、神世七代の登場によっても、なんらかの事態を描写していると考えられるのではないだろうか。それは端的に言うならば、男性と女性の結びつきこそ、生成を実現するものなのであるという観点から、生成を実現させるために、イザナキとイザナミという完成した一対の男女の神が登場することを描写しているというものである。[10] 七代という時間的な経過は、その登場に至るまでの過程を段階的に示しているのではないかと考えられるのである。

このような考え方が妥当であるならば、古事記神話において示されている神世七代の登場をつぎのように位置づけることができるであろう。

①クニノトコタチ――国を維持する土台を与えているということ。
②トヨクモノ――なにかが現れる気配があるということ。[11]
③ウヒヂニ・スヒチニ――泥状のものが現れているということ。
④ツノグヒ・イクグヒ――それらが杭のように伸びているということ。
⑤オホトノヂ・オホトノベ――それらが強い生殖の力を備えた男女になっているということ。
⑥オモダル・アヤカシコネ――それらが互いを意識しているということ。
⑦イザナキ・イザナミ――互いに惹かれ合う一対の男女になっているということ。

これに対して、日本書紀本文神話では、古事記神話における①と②のあいだに、クニノサツチ（古事記神話では「クニノサヅチ」）の神が登場している。このクニノサツチは、古事記神話では神世七代よりもあとの神生みのところで登場しており、この神の位置づけについては両神話で著しい違いを見せている。「サツチ」という言葉の理解をめぐっては先行研究において諸説があって、一致していない。[12] ここでは一応、土を意味すると捉えて、国を維持する土台の成立→土の出現→豊かさをもたらす兆しのある沼の出現という展開を想定してみたい。

さらに日本書紀本文神話では、古事記神話における④のツノグヒとイクグヒが登場していない。日本書紀別伝神話（第三段の第一書）にはツノグヒとイクグヒが登場しているので、『日本書紀』の編纂者も当然、その神の存在について知っていたわけであるが、なんらかの理由で、たとえばクニノサツチを入れようとして、なおかつ、七代でまとめる必要があったなどの理由で、ツノグヒとイクグヒをあえて入れなかったというように推測できる。

このように、日本書紀本文神話の場合、泥状のものが二つ現れたあとに、それが一挙に強い生殖の力を備えた男女になったと描かれていることになるであろう。

二　国生みをめぐって

国生みの始まり

神世七代の最後に登場したイザナキとイザナミは、国生みに着手することになる。古事記神話ではそのことを「国土《くに》を生み成さむ」、日本書紀本文神話では、「洲土《くにつち》を産生《う》まむ」と述べているので、この部分の記述を「国生み」と呼ぶことに問題はないであろう。

直後の項以降で詳細に言及するように、両神話における国生みの具体的な内容そのものが様々な点で異なっているのであるが、それに先だって、国生みが始められるまでの経緯についても、両神話はかなり異なった記述になっている。そこで、国生みが始められるまでの経緯について、両神話の内容を整理しておくことにしたい。

古事記神話

（一）イザナキとイザナミが天つ神から国生みを命じられる。
（二）天つ神から賜った天《あま》の沼矛《ぬほこ》を用いてオノゴロ嶋を作り、そこに降りる。
（三）結婚する。
（四）手順の誤りに気づいたが、国生みを始めて失敗し、ヒルコ、淡嶋を生む。
（五）天に昇り、天つ神から太占《ふとまに》の結果にもとづいた助言を得る。
（六）やり直して国生みをおこなった。

日本書紀本文神話

（一）イザナキとイザナミが相談して国生みを始める。
（二）天の瓊矛《ぬほこ》を用いてオノゴロ嶋を作り、そこに降りる。
（三）結婚する。
（四）手順の誤りに気づいたので、やり直して国生みをしたが、淡路の洲が出てきてしまい、満足のゆく結果にはならなかった。

古事記神話の場合、イザナキとイザナミによる国生みは天つ神から命じられており、国生みの拠点となるオノゴロ嶋（自然に固まった嶋という意味。したがって、イザナキとイザナミが生んだものではない）を作る際には、天つ神から授かった天の沼矛（宝石によって装飾された矛という意味）が用いられ、さらに国生みが当初、失敗した際には、天に出向いて天つ神の助言を受けている。これらのことからわかるように、古事記神話では、イザナキとイザナミが国生みをおこなうに際して、天つ神の意向が強く反映されていると言えるのである。

これに対して、日本書紀本文神話の場合、イザナキとイザナミは自らの意志で国生みすることを決めており、どのような経緯で所持するに至ったのか不明であるが、天の瓊矛を用いてオノゴロ嶋を作り、結婚の手順に失敗しても、自分たちだけでやり直している。これらのことからわかるように、日本書紀本文神話では、イザナキとイザナミが国生みをおこなうに際して、天つ神の意向がまったく反映されていないのである。これは看過することのできない大きな違いであると言ってよいであろう。[13]日本書紀本文神話では、天と地が分離したあと、天上の成り立ちについて特に言及することなく、地上だけに視線を注いでいるということをすでに指摘したが、ここでも、その発想と合致するように、地上の国の成り立ちに関して、天は特別な役割を果たしてはいないのである。

そのほかの違い

イザナキとイザナミによる国生みに関しては、古事記神話と日本書紀本文神話のあいだに、直前の項で言及したこと以外にも違いを指摘することができるであろう。以下では特に二つの違いを取り上げて考察することにしたい。

第一の違いは国生みで最初に出現した存在についてである。古事記神話ではヒルコが国生みの最初に生まれているのであるが、日本書紀本文神話では、ヒルコは、イザナキとイザナミが国生みをおこなったときではなく、神生みをおこなったとき、その最後に生んだ神のなかに登場している。つまり、アマテラス、ツクヨミ、スサノヲとともに生まれたのである。しかし、ヒルコは三歳になっても立つことができなかったと述べられており、そのような身体であったため、古事記神話と同様に、船（古事記神話では葦でできた船であるが、日本書紀本文神話では楠でできた船という違いがある）に乗せられて、海に捨てられてしまうのである。

これに対して、日本書紀本文神話では、国生みで最初に出現するのは淡路の洲、すなわち、淡路嶋である。ただし、「淡路の洲を以ちて胞《え》と為す」と記述されているように(14)、淡路の洲を生まれた子として位置づけているわけではない点に注意しなければならない。つまり、淡路の洲は、国土の主要な部分を総称する術語である「大八嶋国」（前述のように日本書紀神話では「大八洲国」と表記されている）の一つとしては捉えられていないのである。

この点については、日本書紀別伝神話に日本書紀本文神話とは異なる神話が複数存在している点が注目される(15)。それらの記述を検討してみると、淡路の洲を大八洲国の一つとして捉えるかどうかについては、神話によって異なっており、当然のことながら、『日本書紀』の編纂者は、それらの神話を踏まえたうえで、淡路の洲を大八洲国の誕生に先だって出現したものとして、大八洲国には含ませないという判断を下したと思われるのである。

日本書紀本文神話に出てくるこの淡路の洲は、古事記神話においてヒルコに続いて生まれた淡嶋と似ているようであるが、淡嶋はヒルコと同様に、国生みに失敗して生まれたものとして位置づけられている。そして、そのあと、この淡嶋とは異なる淡道《あはぢ》の穂の狭別《さわけ》の嶋が生まれている。これこそが淡路嶋のことを指しているのである。古事記神話では、この淡道の穂の狭別の嶋を大八嶋国の一つとして捉えていることが確認される。

このように両神話では、国生みで最初に出現した存在について異なる記述をしているのであり、さらに淡嶋と淡路嶋を区別するかどうか、淡路嶋を大八嶋国の一つとして捉えるかどうかについても、記述が一致することはないのである。

第二の違いは、結婚の際に手順を誤ったことと国生みの失敗との関係についてである。両神話とも結婚する際に女性の方から先に男性に声をかけてしまったことが、結婚における手順の誤りであるとされ、そのような手順の誤りを、最初の国生みに失敗したことの原因として位置づけている。古事記神話では、天つ神からそのことを改めて指摘されたので、手順を変えてやり直すことによって、国生みは成功することになるが、日本書紀本文神話では、手順の誤りに気づいて、やり直したにもかかわらず、最初の国生みでは満足のゆく結果にはなっておらず、結婚の際に手順を誤ったことと国生みの失敗との関係が明瞭になっていない。その結果として、最初に生まれた淡路の洲が満足のゆくものではなかったのに、そのあとに生まれたものがどうして満足のゆくものになっていったのかという理由は、示されないままになっているのである。

国生みの具体相

そのあとの国生みでは、大八嶋国（日本書紀神話では「大八洲国」と表記されているが、ここでは便宜上、「大八嶋国」という表現で、両神話の記述を表すことにしたい）とそのほかの嶋[16]を出現させることになるが、この点に関しても、両神話では様々な違いを見せている。まずは両神話において国生みの際に出現したものをすべて示すことにしよう。

古事記神話

①淡道の穂の狭別の嶋　②伊予の二名《ふたな》の嶋　③隠伎《おき》の三子嶋　④筑紫《つくし》の嶋
⑤伊伎《いき》の嶋　⑥津嶋　⑦佐度の嶋　⑧大倭豊秋津《おほやまととよあきづ》嶋　⑨吉備の児嶋
⑩小豆《あづき》嶋　⑪大嶋　⑫女《ひめ》嶋　⑬知訶《ちか》の嶋　⑭両児《ふたご》の嶋

日本書紀本文神話

①大日本《おほやまと》豊秋津洲　②伊予の二名の洲　③筑紫の洲　④億岐《おき》の洲　⑤佐度の洲
⑥越《こし》の洲　⑦大洲　⑧吉備の子洲　⑨対馬《つしま》嶋　⑩壱岐《いき》の嶋　⑪処処《ところどころ》の小《を》嶋

両神話のどちらも、古代日本で国土として意識されていた陸地の主な部分を「大八嶋国」と総称している点は一致している。両神話において①～⑧という丸囲み数字で示したものが、それに含まれている嶋（洲）である。しかし、一見して明らかなように、一致していないものがかなりあって、古事記神話で示した①⑤⑥が日本書紀本文神話では大八嶋国に含まれていない。これに代わって、日本書紀本文神話で示した⑥⑦⑧が大八嶋国に含まれている。そのなかの⑦と⑧は、古事記神話では大八嶋国に含まれていない、そのほかの嶋として扱われている。

日本書紀本文神話で示した⑥は元々古事記神話に登場していない。越の洲は現在の北陸地域を指すと思われるが、本州と陸続きである北陸地域がなぜ洲として捉えられているのかについては、議論のあるところである。[17]古事記神話では独立した嶋という形にはなっておらず、おそらく大倭豊秋津嶋のなかに含まれていると思われるので、古事記神話の「大倭豊秋津嶋」と日本書紀本文神話の「大日本豊秋津洲」は、厳密には一致していないことになるであろう。

大八嶋国で共通して出現しているものについても、その順番がほとんど一致していない。順番に関する著しい違いとして指摘できるのは、大八嶋国の中心をなすと思われる大倭豊秋津嶋（大日本豊秋津洲）の扱いをめぐる違いである。この嶋は、古事記神話では大八嶋国の最後に出現するのに対して、日本書紀本文神話では最初に出現しているのである。

なお、日本書紀別伝神話のなかで大日本豊秋津洲の出現に言及している神話は全部で五つあるが、そのすべてにおいて、大日本豊秋津洲が最初に出現したか、あるいは、淡路の洲に続いて出現したと記しており、最後に出現したと記しているものはまったく存在していない。『日本書紀』の編纂者が、別伝神話のすべての記述に修正を加えて、大日本豊秋津洲の出現の順番をわざわざ最初の方に入れ替えたとは考えにくいので、大日本豊秋津洲の出現する順番が最初の方であったというのが、諸神話においで共通した記述であったのではないかと推測される。

もしそのような推測が妥当であるならば、順番の入れ替えは、むしろ古事記神話を編纂する過程でおこなわれたという可能性が想定できるであろう。その出現が最初であるか最後であるかということが、どういう意味的な違いを生み出すのか厳密なところはわからないが、そのことが、ひいては大和という地域から本州のかなりの部分までを指し示しうる大倭豊秋津嶋（大日本豊秋津洲）を、どのように認識するかという違いへと広がってゆく可能性もあるだろう。[18]

亦の名などの併記

国生みの記述に関しては、そのほかにも両神話のあいだに大きな違いが見られる。それは、古事記神話においてのみ、生み出された大半の嶋に、「亦の名」という形で異名が併記されている点である。それらのすべてを網羅して示すならば、つぎのようになる。

③隠伎の三子嶋―アマノオシコロワケ　⑤伊伎の嶋―アマノヒトツハシラ
⑥津嶋―アマノサデヨリヒメ　⑧大倭豊秋津嶋―アマノミソラトヨアキヅネワケ
⑨吉備の児嶋―タケヒカタワケ　⑩小豆嶋―オホノデヒメ　⑪大嶋―オホタマルワケ
⑫女嶋―アマノヒトツネ　⑬知訶の嶋―アマノオシヲ　⑭両児の嶋―アマノフタヤ

さらに「亦の名」という表現こそ見られないが、嶋全体を一つの「身」と捉えて、その身にいくつかの「面《おも》」があるとし、それぞれについて国名とそれに対応する名を示しているものもある（以下、亦の名とその名を合わせて、「亦の名など」と呼ぶことにする）。それはつぎのとおりである。

②伊予の二名の嶋

伊予の国―エヒメ　讃岐の国―イヒヨリヒコ　粟《あは》の国―オホゲツヒメ
土左の国―タケヨリワケ

④筑紫の嶋
筑紫の国―シラヒワケ　豊国―トヨヒワケ　肥の国―タケヒムカヒトヨクジヒネワケ
熊曽の国―タケヒワケ

これらの記述からわかるように、古事記神話で示されている前述の①〜⑭の嶋のなかで、①の淡道の穂の狭別の嶋と⑦佐度の嶋を除いた嶋については、その名とは別に亦の名などが併記されていることになるのである。なお、この淡道の穂の狭別の嶋については、その名自体が「ワケ（別）」という明らかに男性を表す言葉[19]を含んでいて、そのほかの嶋における亦の名、たとえば「アマノオシコロワケ」「タケヒカタワケ」「アマノミソラトヨアキヅネワケ」などと似たような形になっている。したがって、淡道の穂の狭別の嶋については、なんらかの事情があって、亦の名をあえて併記しなかったという可能性も考えられるのである[20]。

これに対して、日本書紀本文神話ではこのような亦の名などが併記されることはない。国生みを扱う『日本書紀』第四段には十種類の別伝神話が付随しているが、そのすべての記述を見ても、古事記神話で示されたような亦の名などを見いだすことはできない。したがって、この亦の名などの有無は、古事記神話と日本書紀神話の大きな違いとして指摘することができるであろう。

それでは、なぜ古事記神話においてほとんどの嶋に亦の名などが併記されているのであろうか。それについて考える際に、まずそのような亦の名などが元々の神話のなかにあったのかどうかということを問う必要があるであろう。しかし、古事記神話を編纂する際に用いられた神話を、編纂以前にさかのぼって、そのまま見ることができない以上、それを確定する明確な根拠は存在しないのであるが、日本書紀別伝神話に記述されている国生みに関する複数の神話に、このような亦の名などがまったく示されていないという点を考慮するならば、それらは古事記神話を編纂する際に用いられた神話に元々存在していたものではなく、『古事記』の編纂者がなんらかの意図によって、新たに付加したものと推測することができるのではないであろうか。もっとも、本文神話と別伝神話を含む日本書紀神話にまったく見られない記述が、古事記神話に登場しているという事例もかなりあるので、そう断言することはできないが、そのような可能性は十分にあると思われるのである。

亦の名などの併記が意味するもの

本項では、古事記神話において亦の名などをなぜ併記しているのか、そのような記述が意味するものについて考えてみたい。

亦の名などという形で示されている名の大半（十八個中の十五個）が、男性を表す「ワケ（別）」、「ヲ（男）」、「ヒコ（比古）」や女性を表す「ヒメ（比売）」という言葉を含んでいる。これは単なる偶然ではなく、明らかに性別の違いを示そうとしているのである。前述（本書十四頁〜十五頁）のように、イザナキとイザナミは完成した一対の男女神として、生成を実現する神として位置づけられていた。したがって、イザナキとイザナミが神である以上、生まれる子も当然、神ということになるし、イザナキとイザナミに性別がある以上、生まれる子にも当然、性別があることになるであろう。つまり、亦の名などを併記するのは、国生みで生まれた嶋を単なる国土としてではなく、性別をもった神としても捉えようとしているのではないかと考えられる。国土が神であると言うと、荒唐無稽なように思われるが、古事記神話において、そのような発想がけっして特異なものではないということを示す事例が二つある。以下ではそれを紹介しておこう。

第一は、粟の国に対応する名として示されている「オホゲツヒメ」が、そのあとの神生みにおいて、イザナキとイザナミのあいだに生まれた食物神であるオホゲツヒメと、名が一致している点である。両者はともにイザナキとイザナミの子として位置づけられているものの、まったく異なる場面で生まれているので、異なる存在であると考えざるをえないが、それならば、なぜ同じ名で登場するに至ったのかということが問題になるであろう。

粟の国、すなわち、阿波の国は四国の一部であるが、鳴門海峡をはさんで淡路嶋と接しているこの地は、大和の人々にとって心理的に近い距離にあったと考えられる。しかも、「粟の国」という名が表しているように、この地の気候風土は、粟を栽培するに適した環境であったのであろう。つまり、粟の国は、都のあった大和に食物を供給する重要な拠点として見なされていたのではないかと推測されるのである。そのような推測にもとづくならば、粟の国に対応する名と食物神の名がともに「オホゲツヒメ」であったことの理由として、食物の生産地としてイメージされる粟の国に、食物神として知られる「オホゲツヒメ」の名が結びつけられたためである、あるいは、それとは逆に、食物と結びつけられて捉えられた粟の国が、オホゲツヒメとして神格化されるようになり、やがて独立した食物神となったためである、という二つの可能性を想定することができるであろう。

第二は「国魂《くにたま》」という観念が存在することである。(21) 国魂とは、国土そのものに神霊を見いだそうとしたものと考えてよいであろう。その神霊は国土の特定な場所に存在するというわけでもないので（もしそのように存在しているならば、その特定の場所の神霊となるであろう）、そのような発想は結局、国土そのものが神であるという考えに行き着くことになるのである。古事記神話に登場する「オホクニミタマ」という名の神は、国魂の例として捉えることができるであろう。(22)

この二つの事例からわかるように、国土が神として位置づけられるのはけっして特異なことではないのである。神話だけでなく、宗教全般においても言えることであると思うが、(23) 日本における神の捉え方には非常に幅があり、端的に言うと、特別と思われるようなものであるならば、たとえそれがどのようなものであったとしても、神として位置づけることが可能なのである。(24) 食物となる大切な実りをもたらしてくれる国土は、当然、その資格を十分にもっていると言えるであろう。古事記神話においては、イザナキとイザナミによって生み出された国が、亦の名などという形で、性別のある神として表象されていることも、国土を神と捉えるような発想がその背景にあったと考えられるのである。ただし、このような捉え方は古事記神話だけに表れていて、日本書紀神話では本文神話と別伝神話のどちらにも見られないという点に注意を促しておきたい。

三　神生みをめぐって

神生みの記述

ここで「神生み」と呼んでいるのは、国生みのあと、イザナキとイザナミが神を生み続け、最後にイザナミが死んでしまうまでの部分である。その呼称は、古事記神話でこの部分の記述を「更に神を生みき」と述べていることにもとづいている。ただし、直前の項で述べたように、イザナキとイザナミが生んだ国土は、古事記神話では男女の性別をもつ神としても捉えられていると考えられるので、国の生成と神の生成を明確に区別することは、実際には難しいように思われる。

一方、日本書紀本文神話の場合、国生みとこの部分の記述(25)を合わせて、「大八洲国及び山川草木を生めり」と述べており、国生みと区別して、この部分を「神」という概念でとりまとめることは、古事記神話以上に難しいと思われるのである。

これらのことから、この部分の記述を「神生み」と言い表すことには問題があると言わざるをえないが、両神話におけるこれらの記述を指し示す適当な表現がほかに見いだされないことから、本書では、あくまでも便宜的に「神生み」と呼んでおくことにしたいのである(26)。

その神生みに関する記述についてであるが、両神話とも、イザナキとイザナミが国生みを終えたあとも生成（単純に「生んだ」とは言えない場合もあるので、ここでは「生成」という言葉を用いることにしたい）

を続けている点については一致しているが、実際になにを生成したのかという点については大きな違いを見せている。そこで、まず両神話の神生みの記述で生成されたものをまとめておきたい。つぎに示すものがイザナキとイザナミによって生成されたもののすべてである。

古事記神話

①オホコトオシヲ　②イハツチビコ　③イハスヒメ　④オホトヒワケ
⑤アマノフキヲ　⑥オホヤビコ　⑦カザモクツワケノオシヲ　⑧オホワタツミ
⑨ハヤアキツヒコ　⑩ハヤアキツヒメ　⑪アワナギ　⑫アワナミ　⑬ツラナギ
⑭ツラナミ　⑮アマノミクマリ　⑯クニノミクマリ　⑰アマノクヒザモチ
⑱クニノクヒザモチ　⑲シナツヒコ　⑳ククノチ　㉑オホヤマツミ　㉒カヤノヒメ
㉓アマノサヅチ　㉔クニノサヅチ　㉕アマノサギリ　㉖クニノサギリ
㉗アマノクラト　㉘クニノクラト　㉙オホトマトヒコ　㉚オホトマトヒメ
㉛トリノイハクスフネ　㉜オホゲツヒメ　㉝ヒノヤギハヤヲ　㉞カナヤマビコ
㉟カナヤマビメ　㊱ハニヤスビコ　㊲ハニヤスビメ　㊳ミツハノメ　㊴ワクムスヒ
㊵トヨウケビメ

日本書紀本文神話

①海　②川　③山　④木の祖《おや》ククノチ　⑤草の祖カヤノヒメ

ここで筆者が付加した丸囲みの数字は生成されたものの順番を表している。以下に続く四つの項では、両神話で示されたこの記述を詳細に検討して、その違いについて考察したいと思う。

記述の分量的な違い

直前の項で示した生成されたものの一覧を見れば明らかなように、古事記神話と日本書紀本文神話のあいだには、記述の分量に著しい違いがあると指摘できるであろう。神生みの記述は、生成されたものをひたすら列挙するという表現方法をとっているので、生成されたものの数の違いがそのまま記述の分量的な違いとなって表れてくるのである。

古事記神話の場合、合計して四十柱の神が登場しているが[27]、これらの神は登場の仕方という点から見て、ある程度、区別することが可能である。すなわち、①〜⑩はイザナキとイザナミが生んだ神、⑪〜⑱は⑨のハヤアキツヒコと⑩のハヤアキツヒメが分担して[28]生んだ神、⑲〜㉒はイザナキとイザナミが再度生んだ神、㉓〜㉚は㉑のオホヤマツミと㉒のカヤノヒメが分担して生んだ神、㉛〜㉝はイザナキとイザナミが再々度生んだ神、㉞〜㊴は負傷したイザナミの体から排出されたものに化生した神、そして最後の㊵のトヨウケビメは㊴のワクムスヒの子、というように区別することが可能なのである。なお、イザナキとイザナミが生んだ子によって生み出された神、すなわち、⑪〜⑱、㉓〜㉚、㊵の神は、系譜上で厳密に言うならば、イザナキとイザナミの子というわけではなく、孫に相当することになるであろう。なぜこのように子と孫が入り交じった形で登場しているのかについては、のちに改めて言及したいと思う。

前述のように、この部分を「神生み」と呼ぶことにしているが、古事記神話の記述を見ると、「生む」と「なれる（成れる、生れる）」という使い分けがなされていることが注目される。この使い分けは神生みの記述だけにかぎらず、古事記神話全般において見られるものである。かつて論じたように、(29)「生む」というのは、男神《おがみ》と女神が結びつくことによって、女神の体内から生み出されるような誕生の仕方であり、これに対して、「なれる」というのは、たとえば刀剣についた血に化生するとか、目や鼻に化生するというように、男神と女神の結びつきを必要としないような誕生の仕方であって、古事記神話では、この二つの誕生の仕方を意識して区別していると考えられる。筆者は前者を「出生型」、後者を「発生型」と呼んで、この二つの誕生の仕方を区別することにしている。

直前の項の一覧で「なれる」と言い表されているのは㉞～㊴の神である。その具体例を一つあげるならば、㉞のカナヤマビコは、火の神であるヒノヤギハヤヲを生んで傷ついたイザナミの吐瀉物《としゃぶつ》に化生した神として位置づけられている。このように、吐瀉物に化生したような神を、そのままイザナキとイザナミが生んだと位置づけることは無理があるようにも思われる。したがって、古事記神話においては、イザナキとイザナミのあいだに生まれたわけではなく、なんらかのものに化生したような神であっても、「神生み」を構成するものとして位置づけられているのである。

これに対して、日本書紀本文神話の場合、実に簡素な記述になっていて、海、川、山、そして、木の祖ククノチ、草の祖カヤノヒメという五つのものが生み出されているにすぎないのである。いわば自然世界を構成する最小限のものだけに絞るような形で、言及していると言えるであろう。ここに登場する木の祖ククノチと草の祖カヤノヒメは、古事記神話に登場する木の神ククノチと野の神カヤノヒメと名称が一致しているが、同じような存在として――つまり、それらに付加されている「祖」という言葉を神と同義として――位置づけることができるかどうかは、検討を要する問題であると思う。この点については、のちの項で改めて検討することにしたい。

以上のように、古事記神話と日本書紀本文神話のあいだには、記述の分量という点で比較にならないほど著しい違いが存在しているのである。

古事記神話における自然と神

つぎに両神話における神生みに関する記述の違いについて考察することにしたい。その際に注目されるのが自然と神の関係である。日本神話の文脈の流れから言って、国土の生成が成し遂げられたならば、そのあとの記述は、その国土に様々な自然物や自然現象（以下では単に「自然」と呼ぶことにする）が成立していったことを語る方向へと進むと思われ、実際、この点に関しては、古事記神話と日本書紀本文神話の記述は一致していると言える。しかし、その自然の成立をどのように語ってゆくかについては、両神話のあいだで大きな違いが見られると考えられるのである。本項ではまず古事記神話の場合について考察することにしたい。

そもそも、古事記神話にイザナキとイザナミが自然そのものを生成するという記述はない。もっぱら自然の様々な事物に対応している神を生成しているのである。直前の項で示した生成されたものの一覧で言うならば、②のイハツチビコから㉚のオホトマトヒメまでが、それに該当する神であると言える。しかし、そのような記述をしているからといって、古事記神話が自然の成立についてなにも語っていないと断定してはならないであろう。自然のある事物がまだ存在していないのに、それに対応する神が出現するというのは発想として不自然であり、そのような記述は無意味だからである。古事記神話は、自然そのものの成り立ちについて語っていないのではなくて、自然の事物に対応する神が生成されるという形で、そのことを表現しようとしていると考えられるのである。そのような表現方法は、つぎに示す二つのことと密接に関係していると思われる。

第一は、別天つ神や神世七代の記述においても顕著に見られたように、神名の表示がその名の意味している事態を描写しようとしているということである。このような表現方法をここでも適用するならば、たとえば山の神であるオホヤマツミが生まれたということは、神秘性を宿した山そのものの誕生を意味すると捉えることができるのである。

第二は、前述（本書二十六頁〜二十七頁）のように、イザナキとイザナミが生んだ嶋が神として捉えられる側面をもっているということである。国が神であると言うと、奇異に感じるであろうが、それは、古事記神話の神と、わたしたちが想起している神とのあいだに違いがあるためであろう。前述（本書二十七頁）のように、また、かつて指摘したように㉚、古事記神話を見るかぎり、人間にとって特別と感じられるものであれば、たとえそれがどのようなものであっても、神となりうるのである。したがって、神に対するこのような柔軟な捉え方を適用するならば、例としてあげたオホヤマツミは、山のもつ神秘性を神として別出したものと捉えることができるのである。

このように、自然の事物に対応する神の生成に言及することによって、自然の成立を直接にではなく、間接に描写するという表現方法が、古事記神話に見られる可能性を指摘したのであるが、直前の項で保留にしていた、神生みでイザナキとイザナミの孫に相当する神が現れていることについても、イハツチビコからオホトマトヒメまでの自然の事物に対応する神に限って言うならば、単にイザナキとイザナミを中心とする神の系譜を示したのではなく、生成を実現する夫婦神がおこなった自然生成の様相が、より具体的に展開されていったものと考えられるであろう。川（ハヤアキツヒコとハヤアキツヒメ）から分水嶺（アマノミクマリとクニノミクマリ）や水源（アマノクヒザモチとクニノクヒザモチ）などが展開し、山野（オホヤマツミとカヤノヒメ）から霧（アマノサギリとクニノサギリ）や峡谷（アマノクラトとクニノクラト）などが展開したという形で、川や山野に関する事物が順を追って、細かく成り立ってゆく状況が描き出されていると捉えることができるのである。

日本書紀本文神話における自然と神

これに対して、日本書紀本文神話の場合、前述のような簡素な記述になっており、海、川、山と、それぞれ「木の祖」、「草の祖」と呼ばれるククノチ、カヤノヒメという合計五つのものが生み出されているにすぎない。海、川、山の三つと木の祖、草の祖の二つは、そのまま同列には論じられない点があると思われるので、以下では二つのグループに分けて考察することにしたい。

まずは海、川、山というグループの生成についてである。これは、古事記神話においてであれば、イザナキとイザナミが海の神であるオホワタツミ、川の神であるハヤアキツヒコとハヤアキツヒメ、山の神であるオホヤマツミを生んだと記述している部分に相当するものであるが、日本書紀本文神話では神の生成という形では示しておらず、イザナキとイザナミが海、川、山という自然の事物を直接に生んだというように記述している。

日本書紀本文神話でも、かなりあとの記述（第十段）にワタツミ(31)が登場しているが、このワタツミは、国土の生成に続く、自然の成立という文脈で登場しているわけではない。さらに言うならば、日本書紀本文神話の記述を見るかぎり、このワタツミがイザナキとイザナミによって生み出されたということすら、明示されてはいないのである。

日本書紀本文神話の場合、古事記神話とは異なり、自然の成立をそのまま語っていると考えてよいであろう。両神話のあいだにこのような違いがなぜ見られるのであろうか。それは、日本書紀本文神話の記述よりも、古事記神話の記述の方に特色があるからではないかと思われる。

前述のように、古事記神話には、神名を列挙することで、その名の意味している事態を描写しようとする表現方法や、国に亦の名などを併記し、神としても捉えようとする発想方法が見られる。神話なのであるから、その話に神という存在が深く関わってくるのは当然のことであるけれども、古事記神話においては、すべての事象を神という存在に置き換えて捉えようとすることを意識的におこなっているように思われるのである。しかし、日本書紀本文神話は神に対してそこまで深入りをしていない。神世七代の記述を除けば、神名を列挙することはほとんどないし、国を神として捉えようとすることもない。神がこの世界を作ったという基本的な前提は認めながらも、すべての事象を神という存在に置き換えて捉えようとはしないのである。

つぎは木の祖ククノチ、草の祖カヤノヒメというグループの生成についてである。この両者は、古事記神話に登場する木の神ククノチ、野の神カヤノヒメと名称が一致している。したがって、「祖」というのは神に近い存在であると思えなくもないが、もしそうであれば、「祖」ではなく、「神」と表現していたはずであろう。(32) 事実、日本書紀本文神話では、その直後に「日の神」や「月の神」という表現が登場しているのである。ククノチやカヤノヒメが神であれば、あえて「祖」と表現する必要はなかったであろう。それでは、この「祖」とは一体なにを意味しているのであろうか。

そこで参考になるのが、木と草だけに「祖」と言い、海、川、山の「祖」が登場していないという事実である。ともに自然を構成すると言っても、海、川、山はそれ自体、生命をもった生き物というわけではない。これに対して、木や草は個々に生きていて、繁殖するのである。そのように考えるならば、この場合の「祖」というのは文字どおり、木や草の先祖にあたるような存在と言えるのではないであろうか。したがって、それはけっして神ではないのである。

以上のように、日本書紀本文神話は古事記神話とは異なり、簡素で常識的であり、自然を神とそのまま同一視するような考えにまでは立ち入っていないと指摘することができるであろう。

自然以外の事物について

神生みに関する古事記神話と日本書紀本文神話の記述には、直前の項で指摘したこと以外にも違いを見いだすことができる。そのなかでも特に注目される点として、自然以外の事物の取り扱いに関する違いをあげることができるであろう。ここで言う「自然以外の事物」というのは、つぎに示すような二つのものに区別することができる。

第一は人為的なもの——日本神話の世界において、人間は具体的に描かれていないので、これはあくまでも神話の世界を離れた場合の表現である——であり、具体的に言うならば、人間が生み出してきた文化に関わる物や現象のことを指している。

第二は自然にも文化にも属さないものであり、具体的に言うならば、物としては存在しないけれども、物に対してなんらかの影響を及ぼすものとして意識されている様々な力、さらに文化とも密接に関わっていると考えられるが、それとは区別されるような、人間のもっている知恵や感情や観念などがこれに該当するであろう。

古事記神話ではこういった自然以外の事物についても、それに対応する神を積極的に登場させているのである。前述の「神生みの記述」という項で掲載した神の一覧で言うならば、①と㉛から㊵までを、そのような神として位置づけることができる。

この点について補足して説明すると、①のオホコトオシヲは大事を成し遂げる（あるいは、これから大事を成し遂げようとすることを意味しているとも考えられる）ということを表している神であり、自然にも文化にも属さないものということになるであろう。㉝のヒノヤギハヤヲは火の神なので、自然に属するもののようでもあるが、ここで特に意識されているのは、火そのものというよりは、火を用いる技術の方であると思われるので、文化に関わるものと位置づけた方がよいであろう。㉞㉟のカナヤマビコ・カナヤマビメ、㊱㊲のハニヤスビコ・ハニヤスビメ、㊳のミツハノメも、これと同じように考えることができ、それぞれ本来、山、土、水に対応しているので、自然に属するものとして捉えることもできるのであるが、ここでは、特に鉄の原料を取り出す鉱山、器を作るための粘土、潅漑のための水として意識されていると考えられるので、自然そのものというよりは、文化に関わるものとして位置づけることができるのである。

このように、古事記神話では、自然の成立ばかりでなく、文化に関わるもの、自然および文化に属さないようなものの成立までも、神の出現という形で表現しようとしている。端的に言うならば、わたしたちを取り巻く世界に存在しているすべての事象が、神と結びつけられ、神的なものとして捉えられていると言ってもよいのである。

これに対して、日本書紀本文神話の場合、神生みの場面で自然以外のものにはまったく言及していない。前述のように、海、川、山、木や草の先祖という自然世界を構成する最小限のものだけを、神によって作られたと語るにとどまっているのであって、それ以外のものについては、なにも述べていないのである。なお、この点について日本書紀別伝神話の複数の神話（第五段の第二書、第三書、第四書、第六書）では、古事記神話と同じように、土の神ハニヤマビメ（または、ハニヤス）や水の神ミツハノメなどといった、文化と結びつけられるような神が登場している。その点を考え合わせるならば、『日本書紀』の編纂者は、文化的なものを含めたすべてのものの成立を、神の出現という形で表現しているような神話があることを知りながら、本文神話では、そのような記述をあえて取り入れなかったと推測することができるであろう。(33)

四　黄泉つ国往還をめぐって

黄泉つ国往還の記述

日本神話に「黄泉《よも》つ国」（あるいは「黄泉《よみ》の国」とも言う）と呼ばれる世界が登場していることは広く知られている。「黄泉」という漢字をあてて表記されている、「ヨモ」または「ヨミ」という大和言葉の語源とその意味については、「ヤミ（闇）」「ヤマ（山）」「ヨモ（四方）」などに由来するとも言われているが、実際のところ、現在でもはっきりとはわかってはいない。しかし、日本神話における黄泉つ国に関する実際の描写から推測するならば、そこは死んだ者が赴くべき場所として捉えられているように思われる。以下では、古事記神話の記述にもとづいて、イザナキがこの黄泉つ国に行って戻ってくるという黄泉つ国往還の話について概説することにしよう。

ヒノカグツチを生むことで火傷を負ったイザナミは、神生みの途中に死んでしまった。イザナミのことを忘れられないイザナキは、イザナミのいる黄泉つ国に赴いた。暗くてよく見えない場所で、元の世界に戻るよう頼むイザナキに対して、イザナミは黄泉つ神に相談すると言って、その場を離れたように思われた。イザナミがいつまでも戻って来ないので、しびれを切らしたイザナキは、見てはならないというイザナミの戒めを破って、灯りをつけてしまった。灯りで回りを見てみると、そこには、その場を離れているはずのイザナミがおぞましい姿でとどまっていた。イザナミのその姿に驚いて、イザナキは黄泉つ国から逃げようとするが、それを阻止しようとするイザナミによって、ヨモツシコメ、イカヅチ、ヨモツイクサなどの恐ろしい魔物たちが、追っ手として差し向けられた。イザナキはそれらをなんとか振り切るが、最後にはイザナミ自身がやって来た。イザナキは、二人のあいだに千《ち》引《び》きの石《いは》という大きな岩石を置いて、イザナミに事戸《ことど》を渡した（離別することを意味している）が、それに憤慨したイザナミは、地上に生きる人草（人間のことを意味している）を一日に千人殺してしまおうと呪った。それに対して、イザナキは人草を一日千五百人誕生させると応酬した。このようにして、イザナキは妻を連れ帰ることなく、黄泉つ国から戻って来たのである。

以上が古事記神話における黄泉つ国往還の話のあらましである。世界の様々な神話のなかには死の起源――特に人間の死の起源――について語る話が含まれている場合がある。いくつかの具体例をあげるならば、アダムとイヴが神の言いつけを破って、禁断の木の実を食べてしまったため、死んで土に帰らなければならなくなったという、『創世記』に見られる神話や、人間が石の受け取りを拒んで、バナナを受け取ったために、死ぬべき存在となったと述べる、インドネシア神話のいわゆる「バナナ型神話[34]」などがそれに該当するであろう。

古事記神話の場合、黄泉つ国往還という話が登場することによって、神話のなかに死という問題が取り込まれることになるのである。イザナキとイザナミのあいだで前述のようなやりとりがおこなわれたため、地上の世界において、人間が日々生まれては死ぬということを繰り返す定めとなってしまった。これが人間の死の起源とされるのである。

日本神話のなかでもよく知られているこの黄泉つ国往還の話であるが、実は日本書紀本文神話には記載されていない。それどころか、日本書紀本文神話には「黄泉つ国」、あるいは、それに関連するような術語がまったく見られないのである。この点は、古事記神話とは大きく異なる違いとして指摘することができるであろう。

黄泉つ国を認めない日本書紀本文神話

日本書紀本文神話には黄泉つ国往還に関わる記述がまったく出てこないが、日本書紀別伝神話にはそれに関わる記述が多く見られる。神生みについて記述している第五段には全部で十一の別伝神話が付随しているが、そのなかの第六書と第十書には黄泉つ国往還についての詳細な記述がある。第七書にも語句の解説という形で、黄泉つ国往還に関わるいくつかの術語が登場しているが、この第七書は、第六書の一部に対する異伝と第六書の訓注であるという指摘がなされている(35)。第九書は、イザナミが死んで、そのモガリ(殯)をしている場所にイザナキが赴いてきて、イザナミの変わり果てた姿を見て逃げ帰るという記述になっており、黄泉つ国という世界こそ登場しないが、黄泉つ国往還に準じた記述になっている。

このように、多くの別伝神話に黄泉つ国往還に関わる記述が見られるのであるが、さらに言えば、黄泉つ国の登場は、火傷によるイザナミの死、および、ヒノカグツチの殺害という二つの話と密接に関係している。古事記神話の記述によると、イザナミが火傷して、結局、死んでしまったことで赴いたのが黄泉つ国であり、イザナミを死に至らしめたという理由によって、ヒノカグツチはイザナキに殺害されてしまったのである。したがって、黄泉つ国往還の話だけでなく、それと密接に関係している話にまで拡張するならば、第五段にある十一の別伝神話のなかの九つにそれらの話が記載されているのである。もちろん話を記載している神話の数の多さが、必ずしもその話の重要性を示すとはかぎらないが、これだけの記述はけっして無視できるものではないであろう。

ところが、日本書紀本文神話にこれらの話はまったく見られない。ヒノカグツチが登場しないから、イザナミが死ぬことはなく、死ぬことがないから、イザナキが黄泉つ国に赴くということもないのである。このような記述が成り立つ可能性として、（一）そのような神話が実際に存在していた、（二）なんらかの理由で、実際の神話とは違う話に改変した、という二つを想定することができると思うが、どちらであるのか判断することは難しい。しかし、今述べたように、別伝神話に黄泉つ国往還、あるいは、それと密接に関係している話が多く記載されている状況のなかで、たとえそのような記述がまったく見られない神話が実際にあったとしても、それだけを重視して、黄泉つ国に一切言及しないということであれば、『日本書紀』の編纂者が本文神話において黄泉つ国に言及する必要はない、すなわち、黄泉つ国の存在を正式に認める必要はないと判断したと指摘することができるであろう。

その理由は様々に考えられるであろうが(36)、黄泉つ国が神話のなかに登場することで、それほど大きな不都合が生じるというわけではないであろう。むしろ、神話としては、死の成り立ちを語る重要な話なのである。したがって、日本書紀本文神話が黄泉つ国を認めない理由は、神話の内容そのものにではなく、もっと違うところにあるように思われる。

日本書紀本文神話の記述は概して簡素であり、たとえば神生みの記述でも、自然世界を構成する最小限のものにしか言及していなかった。そこには、神話の記述をできるだけ簡素にまとめて、そのあとの詳細な歴史記述につなげるという構想があったのではないであろうか。黄泉つ国の話を実際に取り込むとなると、ヒノカグツチの誕生、イザナミの死、ヒノカグツチの殺害、イザナキの黄泉つ国往還、イザナキのミソキ（禊）、イザナキ単独による三貴子《みはしらのたふときこ》の誕生についても記す必要が出てくる。それが相当な分量になることは、容易に想像できるであろう。『日本書紀』の編纂者は、本文神話でそれらの記述をすべて排除しながらも、日本書紀神話から消し去ることはしないで、別伝神話という傍系資料の形で保持しようとしたのではないかと思われるのである。

日本書紀別伝神話に見られる黄泉つ国往還の記述

直前の項で述べたように、日本書紀別伝神話には黄泉つ国往還に関わる記述が存在している。それは古事記神話の記述に勝るとも劣らないほど豊富なものであり、かつ、場合によっては、古事記神話には見られないような独特な記述も存在していて、実に多彩である。本書が意図しているのは、古事記神話と、日本書紀神話のなかでも特に編纂者が正式な神話として認めている本文神話とを比較するということであるが、黄泉つ国往還の記述に関しては、日本書紀本文神話にそのような記述がまったく見られないということもあって、検討すべき内容としては、幾分不十分なようにも思われる。それを補う意味も込めて、以下では、日本書紀別伝神話における黄泉つ国往還に関わる記述について、特筆すべき三つの事柄を取り上げることにしたいと思う。

第一は、第五段の第五書に見られるイザナミに関する祭祀の記述である。そもそも、この第五書は神話というよりは、神話に関連する記事のような体裁になっていて、イザナミの埋葬地と、この神がどのように祭られているのかという様子について、かなり具体的に説明している。それによると、イザナミの亡骸は紀伊の国の熊野にある有馬村（現在の三重県熊野市有馬町付近）に葬られたと述べており、そこでは、花や歌舞によってイザナミの魂を祭ることがおこなわれていたという(37)。古事記神話では、イザナミを埋葬した場所が出雲の国と伯耆《ほうき》の国の境にある比婆の山であると記述しているので、紀伊の国では地理的に大きな隔たりがあるが、なんらかの理由があって、両者には共通するところがあり、重ね合わされた痕跡があるようである(38)。第五書の記述は、イザナミの埋葬地とイザナミに関する祭祀について興味深い事柄を伝えているのである。

第二は、第五段の第九書に見られるモガリの記述である。モガリとは、埋葬に先だって死者に別れを告げたり、その亡骸が白骨化するのを待ったりするため、一定期間、亡骸を安置しておく行為である。第九書の記述は、イザナキが妻イザナミに会いに行き、変わり果てた姿を見て、逃げ帰るという話の内容から、明らかに古事記神話と類似しているのであるが、黄泉つ国という世界が登場していないという点で、古事記神話とは決定的に異なる。この神話では、イザナキは妻の亡骸を安置していた場所に赴いただけなのである。しかし、第九書のこのような記述を見ることで、モガリをおこなう場所が一つの独立したイメージとなって、やがて黄泉つ国という世界になったという可能性、あるいは、黄泉つ国はモガリという行為と密接な関係にあり、それゆえ、黄泉つ国は死者がそこにとどまるような固定した世界ではなく、亡骸が浄化するまでの過程を一つの世界として表したのではないかという可能性を想定することができるのである。

第三は、第五段の第十書に見られる、古事記神話には登場しない神に関する記述である。(39) 前述（本書二十九頁）の神生みの例を見ても明らかなように、日本書紀別伝神話では、古事記神話の方が日本書紀神話よりも圧倒的に多いのであるが、日本書紀別伝神話では、古事記神話に登場していないような神に言及している場合が若干見受けられる。この第十書では、黄泉つ国往還の記述において、そのような四柱《よはしら》の神に言及しているのである。すなわち、イザナキがイザナミに負けまいという決意を示して、唾を吐いたときに現れたハヤタマノヲ、イザナキがイザナミとの関係を断とうとしたときに現れたヨモツコトサカノヲ、イザナミの言葉を伝えようとした黄泉つ国の門番であるヨモツチモリヒト、なにを発言したかは不明であるが、その発言によってイザナキに誉められたククリヒメである。このように、第十書という別伝神話が存在することによって、古事記神話から漏れてしまった神の存在が現在にまで伝えられているのである。

五　統治する神をめぐって

生まれた子とその位置づけ

神生みのあとの記述では、古事記神話、日本書紀本文神話のどちらも、世界を統治するにふさわしい神の誕生という事柄を扱っている点で一致している。しかし、それに関する両神話の記述には大きな違いが見られるのである。生まれた子、および、その子に対する位置づけについてまとめるならば、つぎのようになるであろう。

古事記神話の場合、神生みの直後に、ヒノカグツチの殺害やイザナキの黄泉つ国往還という長い記述が展開する。それに続いて、黄泉つ国から戻ってきたイザナキは、死の穢れに触れたとして、身につけていたものをすべて捨て去り、ミソキをしているが、そのとき、身につけていたものに化生した神、穢れに化生した神など、多くの神が登場している。そして、死の穢れが完全に取り払われ、清らかな状態になったとき、イザナキ単独でアマテラス、ツクヨミ、スサノヲという三柱《みはしら》の神を生み出すことになるのである。イザナキはその誕生を非常に喜び、アマテラスには高天原、ツクヨミには夜《よる》の食国《をすくに》、スサノヲには海原《うなはら》の統治を任せた。

日本書紀本文神話の場合、イザナミが死んだり、イザナキが黄泉つ国を往還したりするという記述は見られないので、イザナキとイザナミは、国土、海、川、山、木の祖、草の祖を生成したあとに引き続き、「天下《あまのした》の主者《きみたるもの》」を生もうとする。その結果、生まれたのがアマテラス、ツクヨミ、ヒルコ、スサノヲという四柱の神である。イザナキとイザナミは天上《あめ》の統治をさせるために、優れていた日の神（アマテラス）と月の神（ツクヨミ）を天上に送る一方で、ヒルコは船に乗せて、風任せで海に流してしまい、スサノヲは根の国に追放しようとした。

古事記神話では、ここで生まれた三柱の神を「三貴子」と呼んでいる。この呼称には「貴い」という美称が含まれているが、そのような表現になっている理由として、イザナキによって各世界の統治を命じられていることからも窺えるように、この三柱の神が統治者にふさわしい立派な存在であったということがあげられるであろう。

これに対して、日本書紀本文神話では「三貴子」という呼称は用いられていないし、それに代わるような呼称が特に存在するわけでもない。そもそも、この場面で生まれたのは四柱の神であって、アマテラス、ツクヨミ、スサノヲという三柱の神を、一つのグループとしてまとめようとする発想自体がないのである。この点について日本書紀別伝神話の記述を見てみると、第五段の第一書に「御寓《あまのしたしら》す珍《うづ》の子《みこ》」（統治者である高貴な子）という呼称が登場している。この呼称が指しているのはアマテラス、ツクヨミ、スサノヲという三柱の神である。そして、第五段の第十一書には「三子《みはしらのみこ》」という呼称が登場している。この場合も指しているのはアマテラス、ツクヨミ、スサノヲという三柱の神である。このように、日本書紀別伝神話に登場する二つの呼称は、古事記神話に登場する「三貴子」という呼称とかなり近いものであると言ってよいであろう。したがって、『日本書紀』の編纂者は、アマテラス、ツクヨミ、スサノヲという三柱の神を統治者としてまとめようとする神話があるのを知りながら、あえてそのような記述を取り入れなかったという推測が成り立つのである。

以下に続く四つの項においては、生まれた子の位置づけに関して、特に問題になると思われる事柄について考察してゆきたい。

ツクヨミの統治

アマテラスが統治を任せられた場所が高天原（ただし、日本書紀本文神話では天上）である点は、両神話において一致しており、特に問題は見られないが、ツクヨミの統治については、十分な検討が必要であるように思われる。

日本書紀本文神話では、ツクヨミはアマテラスとともに天上に送られ、両方とも天上の統治を任せられたと記述している。アマテラスが日の神、ツクヨミが月の神ということなので、天上を昼と夜に区別し、交互に統治するということが考えられているのであろう。

これに対して、古事記神話では、ツクヨミが夜の食国の統治を任せられたと記述している。この「夜の食国[40]」という国がなにを意味しているのか明示されてはいないが、「食《を》す」が統治するという意味であること、ツクヨミが月に関わる神であるということから考え合わせると、夜の状態になっている統治すべき国のことを意味していると考えられる。

問題はその統治すべき国がどこであるかという点であるが、(一)高天原、(二)葦原の中つ国や海原などを含む地上、(三)高天原と地上の両方、という三つの可能性が考えられるであろう。しかし、夜の食国に関する具体的な説明がないので、論理的に考えてゆくしかないのである。

(一)のように、夜の食国が高天原であるならば、日本書紀本文神話の記述と一致することになるであろう。高天原をアマテラスとツクヨミが交替で統治するというものである。高天原が夜の食国になると、ツクヨミが統治するので、それに連動する形で地上も夜になると説明されるであろうが、実際に夜になっている地上を、夜の食国と区別するのは不自然であるし、「夜の食国」が夜の高天原のことを意味するのであれば、わざわざこのような表現をする必要はないであろう。

(二)のように、夜の食国が地上のことであるならば、ツクヨミが地上にいる可能性が高くなるが、それは、月も太陽と同じように天空にあるという経験的な事実に反するであろう。したがって、それに代わって、高天原にいるとするならば、その場合、高天原が夜になっても、月の光がないことになるであろう。なぜならば、もし月の光があるならば、それはツクヨミが統治しているということになり、夜の食国が地上であるという前提に反するからである。

高天原に夜があるのかということ自体、一つの問題ではあるが、古事記神話では、高天原と葦原の中つ国が昼と夜を共有する関係にあると捉えており、したがって、地上で太陽が隠れる時間がある以上、高天原でも同様にアマテラスが休息するという形で、太陽が隠れる時間があると思われる。太陽が隠れることのない状況で、日の光を遮って、ツクヨミが月の光で地上を照らし出すとは考えにくいであろう。夜というのは、日の神であるアマテラスが隠れることによってもたらされるものであって、月の神であるツクヨミによってもたらされるものではないのである。

また、ツクヨミが夜になった高天原を統治しないとすれば、高天原の夜には月の光がないのに、地上の夜には月の光があるという違いが生じてしまうであろうし、アマテラスが休息することで夜になった高天原を統治する神がいないので、無秩序な暗闇が毎日現れることになるであろう。

以上のように、（一）（二）のどちらも、不自然で受け入れがたいように思う。したがって、残った（三）の可能性を考えるべきであろう。その場合、古事記神話と日本書紀本文神話では、ツクヨミによる統治に関して異なる位置づけをしていることになる。日の光が消えて夜になったとき、ツクヨミが統治し、月の光が世界を照らし出す。高天原と地上のどちらにおいても、生けるものが等しく活動を止める夜の世界、それを「夜の食国」と呼んでいるのではないであろうか[41]。

スサノヲの位置づけ

生まれた子の位置づけについて、古事記神話と日本書紀本文神話のあいだで特に大きな違いを示しているのは、スサノヲに関するものである。以下ではこの問題について考えてみたい。

前述（本書四十七頁）のように、古事記神話ではスサノヲを、アマテラス、ツクヨミとともに、三貴子を構成する神として捉えていて、イザナキがスサノヲに海原の統治を任せたと記している。したがって、スサノヲが元々統治者にふさわしい神として位置づけられていたことは確かであろう。なお、海原の統治を任せられた理由については、従来、いくつかの指摘がなされているが、[42]「スサノヲ」という神名の「スサ」が程度の激しさを表していること、そして、スサノヲがイザナキの鼻――つまり、風と水を伴うもの――に化生したという記述があることから、スサノヲは激しさの具体的な表れである暴風や大雨と密接に関わる神であると考えられていて、それを地上の特定の領域と結びつけるならば、海原ということになるのではないかと思われる。

しかし、古事記神話ではスサノヲを統治者にふさわしい神として位置づけてはいるものの、程度の激しさを本性としていることもあって、その行動において強引さや荒々しさが際立っている神としても描いているのである。

生まれたあとのスサノヲは海原の統治をおこなわず、激しく泣いていた。そのため、山の木々は枯れ、河や海も干上がってしまったという。これは、スサノヲが司っていた雨――ひいては水――が涙となって放出されたため、山や河海に行きわたらなかったからであると考えられる。その結果、悪しき物の怪が多く跋扈《ばっこ》するようになってしまった。[43]

そこで、統治をしないで泣いている理由をイザナキが問うと、スサノヲは妣《はは》の国根の堅州《かたす》国に行きたくて、泣いていると答えている。この記述には、あたかも幼児が玩具をねだって周りも気にせずに大泣きするのと同じように、感情的な激しさが表されていると言えるであろう。それを聞いたイザナキは激怒し、それならば、この国（葦原の中つ国を指すと思われる）には住んではならないと言って、スサノヲが行きたいところに行かせたのである。[44]どこに行かせたのかは明示されていないが、スサノヲが行きたいと言っていた妣の国根の堅州国に行かせたと理解するのが自然であろう。このように、スサノヲは元来、統治者として位置づけられていたにもかかわらず、結果的にその統治を果たすことはなかったのである。

これに対して、日本書紀本文神話ではスサノヲを、荒々しく、残忍な性格で、常に大泣きするために多くの人を死なせ、山の木々を枯らしてしまう忌まわしい存在であると捉えている。荒々しさの記述は古事記神話と同様であるが、残忍な性格であるという指摘は、日本書紀本文神話だけに見られるものである。また、大泣きする点は両神話に共通しているが、古事記神話では、前述のような理由があってのことであったのに対して、日本書紀本文神話では大泣きすることを本来の性格であると捉えている。そして、このような性格であったために、イザナキとイザナミはスサノヲを統治者の器ではないと考えて、根の国に追放しようとするのである。

以上のように、両神話では、スサノヲが統治者にふさわしい神かどうかという点で、根本的な認識の違いが見られ、また、その違いの理由にもなっている性格についての認識にも違いが見られるのである。スサノヲが根の堅州国（日本書紀神話では根の国）に赴くという点は、両神話で一致しているが、古事記神話では、イザナキはやむをえず、スサノヲが行きたいと言っていた根の堅州国に行かせたのであって、けっして根の堅州国に追放したわけではない。総じて言えば、日本書紀本文神話は、古事記神話と比べて、スサノヲについて厳しい捉え方をしていると言えるであろう。

葦原の中つ国の統治①

古事記神話におけるスサノヲは、任せられた海原を統治せず、最終的に根の堅州国に赴くことになるので、古事記神話と日本書紀本文神話のどちらにおいても、アマテラス、ツクヨミ、スサノヲという三柱の神の行き先に関する記述は、結果的に一致することになる。さらに言えば、両神話においてまったく異なる場面で生まれたとするヒルコについても、船に乗せて海に流してしまったという点で、両神話は一致することになるのである。

そして、両神話にはもう一つ重要な一致点がある。それは、地上にある葦原の中つ国を統治する神が示されていないことである。古事記神話では、アマテラスが高天原、ツクヨミが夜の食国、スサノヲが海原の統治を任せられたとし、日本書紀本文神話では、アマテラスとツクヨミが天上の統治を任せられたとしているだけで、葦原の中つ国の統治についてはなんの言及もしていない。イザナキとイザナミがおこなっていた国生みの中心が葦原の中つ国であることは、疑いようのないことであろう。それにもかかわらず、その国になぜ統治者が指名されていないのか。これは大きな問題であると言える。そして、この点については、先行研究の諸説などを参考にして、四つの可能性を想定することができると思う。以下ではそれらを順次紹介し、その妥当性について検討してゆきたい。

第一の可能性は、のちに天降りする神の存在を念頭に置いて、あえて統治者を不在のままにしていたというものである。(45)古事記神話では、アマテラスが子であるアマノオシホミミに統治を任せることになるし——ただし、実際に統治することになるのは、アマノオシホミミの子のホノニニギであるが

——、日本書紀本文神話では、タカミムスヒが孫のホノニニギを統治者として天降りさせているので、それまでは統治者を定めなかったというように考えるのである。

しかし、アマテラスやツクヨミが生まれた時点で、イザナキ（または、イザナキとイザナミ）がそのことを見越していたと考えるのは不自然なことであるし、イザナキ自身はそのことを知らなかったけれども、のちの展開を考慮して、神話においてそのような記述になっていたと考えることも、同様に不自然なことであろう。また、葦原の中つ国の統治を任せられたアマノオシホミミやホノニニギは、古事記神話と日本書紀本文神話において、姉アマテラスに会いに来たスサノヲが高天原を奪い取る野心があると疑われて、身の潔白を証明するためにおこなったウケヒで生まれた子と孫である。これらの神の誕生は偶発的であると言うしかなく、そのような出来事を見越したうえで、葦原の中つ国の統治者を不在のままにしたと主張することには、かなりの無理があるだろう。

第二の可能性は、高天原の統治者がそのまま葦原の中つ国の統治者でもあったと捉えるもので、したがって、アマテラス（日本書紀本文神話ではアマテラスとツクヨミ）が葦原の中つ国の統治者ということになる。[46] 古事記神話では、アマテラスが天の石屋《いはや》に籠もったとき、高天原は夜の状態になり、同時に葦原の中つ国も夜の状態になり、アマテラスが天の石屋から連れ戻されると、高天原と葦原の中つ国に日の光が戻ったと述べている。高天原と葦原の中つ国は光の明暗を共有しているという点で、運命共同体のように捉えられていると考えられなくもない。

しかし、アマテラスが葦原の中つ国の統治者であるならば、なぜ改めて自らの子孫を葦原の中つ国の統治者として遣わそうとするのであろうか。その点について、後継指名して、葦原の中つ国の統治権を委譲したのであると理解するにしても、ホノニニギが天降りするまでの葦原の中つ国は、アマテラスの意向とは直接関係なく、オホナムヂが支配しており、アマテラスが統治者であったと捉えるのは難しいように思われる。この点は日本書紀本文神話でも同様であろう。

葦原の中つ国の統治②

第三の可能性は、イザナキ自身が葦原の中つ国を統治するつもりであったため、統治者を別に立てる必要がなかったというものである。(47) 古事記神話ではイザナキと、死ぬことによって途中で脱落してしまったイザナミが、天つ神から「修理固成」(48) という形で国づくりを命じられていた。この「修理固成」という表現の厳密な意味についてはよくわからない点があるが、それが単に国を根づかせるというだけではなく、国の社会的、政治的な完成までも意図していたものであるならば、一人残されたイザナキがその使命を果たすために、葦原の中つ国を統治しようとしたというのは、けっしてありえないことではないであろう。

しかし、古事記神話ではイザナキが実際に統治していたとは記していない。その点に関しては、スサノヲが根の堅州国に赴くことになって、イザナキが葦原の中つ国を統治し、三貴子にそれ以外の領域の統治を任せるという構想が破綻したため、イザナキは葦原の中つ国の統治を諦めて隠退し、そして、天つ神によって新たな構想が立てられることになった、という説明もありうるかもしれない。それは一応、筋が通っているようであるが、古事記神話の実際の記述から、イザナキを統治者とする当初の構想が破綻して、天つ神によって、それに代わる新たな構想が立てられたということを読み取るのは、かなり難しいことのように思われる。

なお、日本書紀本文神話では、スサノヲは元々統治者とは認められていなかったので、スサノヲの脱落によって、イザナキが葦原の中つ国の統治を諦めたという可能性は存在しない。それでも、イザナキとイザナミは葦原の中つ国の統治者にはなっていないのである。

そのうえ、イザナキを葦原の中つ国の統治者として捉えると、天皇がこの国を実際に統治していることに、どうつなげてゆくかが問題となるであろう。なぜならば、イザナキを葦原の中つ国の統治者とする解釈では、イザナキの子どもたちは葦原の中つ国とは別の領域を統治していて、イザナキから葦原の中つ国の統治権を委譲されることがないため、天つ神の子孫である天皇が葦原の中つ国の統治を継承する可能性もなくなってしまうのである。古事記神話、日本書紀本文神話のどちらにせよ、天皇の統治の由来を示すことを最重要目的としているはずであるから、たとえ結果的に実現しなかったとしても、天皇の統治につながらないような構想が当初あったとは考えにくいのである。

第四の可能性は、葦原の中つ国がまだ完成していなかったため、だれが統治者になるか明示されなかったというものである[49]。イザナキとイザナミによって国土は形作られたが、それだけではまだ不十分なのであって、葦原の中つ国を統治できるような形に仕上げるためには、まだいくつもの過程が必要であった。それが、そのあとの神話において、スサノヲによるヤマタノヲロチの退治、オホナムヂによる国作りという形で説かれていると考えられる。そのような過程を経て、天つ神の御子[50]がようやく葦原の中つ国に天降るが、天つ神の御子が地上を実際に統治するにあたっては、山の神や海の神の協力を必要としていたし、カムヤマトイハレビコも東征の際、多くの困難に打ち勝って、はじめて天皇になったのである。

このように、のちの日本国につながってゆく葦原の中つ国を統治することが、いかに大変なことであるかを執拗に説き続ける古事記神話の記述を見るならば（その点は、日本書紀本文神話も同様であろう）、イザナキがアマテラスなどの子どもを生んだ時点では、葦原の中つ国の統治者を定められるような状態でなかったと思われるのである。

以上のように、葦原の中つ国を統治する神が指名されていないという問題について、直前の項と合わせて、四つの可能性を提示したが、検討の結果、そのなかの第四の可能性がもっとも妥当なものと考えられるのである。

第二章　高天原の神話

本章では、アマテラスとスサノヲを中心に、高天原《たかあまはら》を舞台にして展開される神話を「高天原の神話」と捉えて、主だった違いに注目しながら、古事記神話と日本書紀本文神話の記述を比較検討することにしたい。なお、第一章で言及したように、日本書紀本文神話において「高天原」という術語が実際に用いられていたのかどうかについては、疑わしい点が存在するのであるが、あくまでも考察の便宜上、「天」と「高天原」という二つの術語を区別しないで、「高天原」、場合によっては、「天」という術語によって、両者を表すことにする。

一　スサノヲのウケヒをめぐって

スサノヲの昇天

スサノヲが高天原に昇天する経緯については、古事記神話と日本書紀本文神話のあいだで特に大きな違いはない。両神話のどちらにおいても、根の堅州国《かたす》(1)（日本書紀本文神話では一貫して「根の国」と表記される）に行くまえに、姉アマテラスに暇《いとま》乞いをしようと思って、昇天することになっている。ただし、日本書紀本文神話では、スサノヲが高天原に行くことを父イザナキに申し出て、その許可を得るという手続きを踏んでいる点が異なっている。

そのあと、あたかも大地震や台風が起きたかのように、スサノヲが高天原へと荒々しく近づいてゆく様子、自分の統治している国をスサノヲが奪おうとしているのではないかとアマテラスが疑っている様子、スサノヲが近づいてくるのを警戒して、アマテラスが武装して迎え撃とうとする様子、いずれも両神話においてほぼ一致していると言えるであろう。

これらの一致のなかでも、アマテラスが武装して闘志を高めてゆく様子は酷似している。本書では、古事記神話と日本書紀本文神話の違いについて注目しているのであるが、この事例のように、両神話の記述がこれほどまで一致しているというのも、逆の意味で興味深い。このような一致については、両神話の編纂者が、おそらくほぼ同じような神話に接していて、しかも、ほとんど手を加えない形で、その記述を取り入れていたのではないかと推測することができるであろう。

そして、スサノヲはアマテラスに会うことになる。姉に二度と会えなくなるからと思って、スサノヲは暇乞いをしようとわざわざ来たのであるが、アマテラスの態度は非常に冷淡なものになっている。古事記神話の記述によれば、イザナキが三貴子《みはしらのたふときこ》に各国の統治を分担させたので、当然のことながら、アマテラスはスサノヲが任せられた海原《うなはら》の統治をしているものと思っており、それが取りやめになって、根の堅州国に行くことになったのを知らなかったであろうし、日本書紀本文神話の記述によれば、アマテラスはスサノヲが根の国に追放されることを知っていて、残忍な性格のスサノヲがわざわざ暇乞いに来るとは思ってもみなかったことであろう。したがって、どちらの神話においても、スサノヲが昇天してきたことについて、自分が統治する国を奪う目的があるのではないかと、アマテラスがスサノヲを警戒するような記述になっているのである。

ウケヒについて

ウケヒ（動詞「ウケフ」の連用形。ここでは名詞的に使用する）というのは神の意向を占う呪術として捉えることができるのであるが、この「ウケヒ」という言葉自体の漢字表記の仕方に関して、古事記神話と日本書紀本文神話のあいだに注目すべき違いがあるように思われる。すなわち、古事記神話においては、この「ウケヒ」を一貫して「宇気比」と表記している（連体形の「ウケフ」は「宇気布」と表記している）のに対して、日本書紀本文神話においては、それを「誓」または「誓約」と表記している、という違いである。先行研究では、両神話における漢字表記の違いについては特に注意していないようである。その結果として、両神話におけるウケヒに関する記述を混ぜ合わせてしまうことになり、意味的にも同じものであると捉えているように思われる。したがって、古事記神話におけるウケヒについても、当然、宣誓の提示を前提とする呪術であると理解してきたのである。

たしかに古事記神話、あるいは、『古事記』全体に出てくるウケヒにも、宣誓が提示されているものがいくつかある（たとえばコノハナノサクヤビメのウケヒや曙立王《あけたつのみこ》のウケヒ）。しかし、「ウケヒ」という表現が、おそらく受け取ることを意味する「うく」という語に由来するものと推測される点を考慮するならば、ウケヒにおいて宣誓を提示しなければならないという必然性は、どこにも存在していないのではないかとも考えられる。

事実、古事記神話におけるオホヤマツミのウケヒでは宣誓は提示されておらず、ホノニニギがコノハナノサクヤビメだけをとどめて、イハナガヒメを送り返したという出来事から、オホヤマツミはホノニニギとその子孫の未来を見定めたのであるし、『古事記』「中つ巻」にある香坂王《かごさかのみこ》と忍熊王《おしくまのみこ》がおこなったウケヒ狩り（宇気比獦《うけひがり》）の記述でも、やはり宣誓は明示されていない。これらは、宣誓を自明のこととして、その記述を省略した――もっとも、ウケヒにとって宣誓の提示が必要不可欠なものであるとすれば、本来、そのような省略は原理的に不可能なことのように思われる――ということではなくて、ウケヒで宣誓を提示することが、必ずしも原則とはなっていなかったことを示しているのではないであろうか。古事記神話のウケヒで重要なのは、「ウケヒ」という言葉の原義にもとづいて、ある出来事を神の意向の表れとして受けとめるということであり、たとえ事前に宣誓の提示がなかったとしても、その出来事を神の意向の表れであるとして受けとめ、それを知ろうとするならば、ウケヒは成り立ちうると考えられるのである。

もしこのような理解が妥当であるとするならば、日本書紀本文神話に見られる「誓」または「誓約」という、宣誓の明示を当然の前提とするような表記を、古事記神話の記述にまで安易に結びつけてしまうと、古事記神話のウケヒに対する理解を誤った方向に導いてしまう危険性が出てくるように思われる。ちなみに、筆者が調べたかぎりでは、本文神話と別伝神話を合わせた日本書紀神話、あるいは、『日本書紀』全体で見られるウケヒの記述において、宣誓の提示を伴っていないものは一つも存在していなかった。それは、『日本書紀』の「ウケヒ」が「誓」または「誓約」であるがゆえに、ある意味、当然のことであると言えるのである。

以上のように、そもそもウケヒというものをどのように捉えるかという点について、古事記神話と日本書紀神話のあいだに理解の違いがある可能性が考えられるのである。そして、そのような理解の違いがあるとすれば、古事記神話に見られる宣誓の提示を伴っていないスサノヲのウケヒの記述を理解してゆく上でも、それは重要な視点となりうるように思われる。本書では、そのような想定のもとに、このあとの検討を続けてゆきたい。(2)

スサノヲのウケヒに見られる違い

スサノヲのウケヒに関する記述については、古事記神話と日本書紀本文神話のあいだに大きな違いが見られる。(3)特に重要な違いを指摘するならば、つぎの二点があげられるであろう。(4)

第一は、直前の項でも言及したように、古事記神話では宣誓が明示されていないが、日本書紀本文神話では宣誓が明示されている点である。日本書紀本文神話の宣誓は以下のようなものである。

わたしが生んだ子が女子であれば、自分に邪《よこしま》な心があるとし、男子であれば、自分に清らかな心があるとすべきである。

もしウケヒに宣誓が必要であるとすれば、古事記神話の記述はウケヒとして成り立っていないということにもなりかねないが、そのあとの話の展開を見ても、それがウケヒとして成り立っていないとは捉えられていないように思われるのである。

第二は勝敗の判定に関する点である。そもそも、このウケヒはスサノヲに高天原を奪うという野心があるのかどうかを占うものであって、勝ち負けを競うものではなかったが、両神話の記述を見るかぎり、スサノヲの勝ちがスサノヲの野心の非存在を、スサノヲの負けがスサノヲの野心の存在を示していると考えざるをえないであろう。そして、勝ち負けの問題を考えるうえで確認しておくべきことがある。それは、「マサカツアカツカチハヤヒ」（日本書紀本文神話では「マサカアカツカチハヤヒ」）という表現を伴ったアマノオシホミミの誕生をどう捉えるかという点である。この表現は明らかに自らの勝利を語っているものと考えられるであろう。なぜこの神の誕生が勝利を表しているのかというと、両神話のどちらも、男子か女子かという性の違いを問題にしている点に注目するならば、男子は女子よりも力において勝るから、勝利と結びつけて捉えられていると考えられる。したがって、このアマノオシホミミをはじめとする男子の親が勝利したことになるのである。このことを前提にして、両神話における勝ち負け判定の記述をつぎのように理解することができるであろう。

古事記神話の場合、スサノヲが男子を生んだが、それに対して、アマテラスは、生まれた子の物実《ものざね》（材料のこと）の所有者がその子の親であると発言する。この発言は唐突のようであるが、物実と生まれた子の関係について、あるべき形を述べたのであろう。この発言は「詔り別《のわ》く」と表現されている。

つまり、言葉に表すことによって、事象に明確な区別を導入しているのである。これは、言葉には特別な力が存在するという言霊信仰を前提に、その力によって言葉と事象は一体となり、一般には事象に付随するとされる言葉が、逆に事象を成り立たせると考えるのである。この発言のため、スサノヲは負けかけるが、スサノヲは自らの子となった女子という存在に、一つの解釈を加える。それは、力で劣る女子が子であるという点で、高天原を強引に奪い取る野心がないことが示されたのであるから、わたしは勝ったというものである。古事記神話では宣誓を伴っていないため、このように、結果を自分に都合よく引き寄せて理解する余地があったと考えられるのである。

これに対して、日本書紀本文神話の場合、ウケヒをおこなうとき、男子を生んだ場合には清らかな心があるという宣誓が明示されている。スサノヲは男子を生んでいるが、古事記神話と同様に、アマテラスは物実（ただし、日本書紀本文神話では「物根《ものざね》」）の所有者がその子の親であると発言している。したがって、スサノヲは最終的には女子の親となるが、男子を生んだという事実によって、勝利したことになるのである。

このように、両神話のウケヒでは、スサノヲが勝利したことに関する事情が大きく異なっている。そこにはウケヒの捉え方に対する根本的な違いがあると考えられるのである。

高天原におけるスサノヲの乱行

ウケヒのあと、スサノヲは高天原において乱行を繰り返すようになる。古事記神話の場合、スサノヲが「勝さび」、すなわち、自らの勝利に酔い、それを誇示しようとして、そのような行為に及んでしまったと捉えている。これに対して、日本書紀本文神話の場合、「勝さび」という表現こそ見られないが、その神話にも、「このあと、スサノヲの行状はひどくなって、手がつけられなかった」という趣旨の記述があるので、古事記神話と同様に、ウケヒにおける勝利で抑制の効かなくなったスサノヲが乱行に至ったと考えているのであろう。ただし、日本書紀本文神話では、スサノヲを元々残忍な性格の神であると位置づけていたので、勝利に酔う、酔わないという以前に、その残忍な性格が露わになったと捉えている可能性もあるだろう。

スサノヲの乱行についての具体的な内容は両神話である程度一致しているが、異なる点も見られる。そこで、まず両神話の具体的な内容を示しておこう。

古事記神話

（一）アマテラスの田の阿《あ》（畦のこと）を壊した。

（二）アマテラスの田の灌漑用の溝を埋めた。

（三）大嘗《おほにへ》をおこなう建物を汚物で汚した。

（四）神に捧げる衣を織る建物の屋根に穴を開け、皮を逆さに剥いだ馬を投げ入れた。

日本書紀本文神話

（一）アマテラスの田に種子を重ねて播《ま》いた。

（二）アマテラスの田の畦を壊した。

（三）秋（収穫の時期）になって、アマテラスの田に馬を伏せさせた。
（四）アマテラスが新嘗《にひなへ》をおこなう建物を汚物で汚した。
（五）神に捧げる衣を織る建物の屋根に穴を開け、皮を剥いだ馬を投げ入れた。

両神話であげられているものは、罪を祓《はら》うために中臣氏が奏上する「六月《みなづき》の晦《つごもり》の大祓《おほはらへ》」という祝詞のなかで、「天つ罪」と規定されている八つの行為（①畦《あ》放《はなち》、②溝埋《みぞうめ》、③樋《ひ》放《はなち》、④頻播《しきまき》、⑤串刺《くしざし》、⑥生剥《いきはぎ》、⑦逆剥《さかはぎ》、⑧屎戸《くそへ》）とある程度重なっていて、両神話の記述を合わせれば、六つまでが一致している（日本書紀別伝神話にある記述を合わせるならば、八つすべてが一致する）。それらの行為は、田の耕作と、神の恵みを得るための農耕祭祀の実施を妨害するものであり、端的に言えば、農耕によって成り立っている社会を機能不全に陥れる反社会的な行為であると言えよう。

古事記神話では（四）の結果、アマテラスに命じられて衣を織っていたアマノハタオリメという女神が負傷して死んだと記述しているのに対して、日本書紀本文神話では（五）の結果、アマテラス自身が負傷したと記述しており、だれがどのような被害を受けたのかについて両神話の記述は異なっている。そのあと、アマテラスは天《あま》の石屋《いはや》に籠もるので、本人が被害を受けたとすれば、負傷したことになるし（死んだ場合、天の石屋に籠もることができない）、本人以外が被害を受けたとすれば、負傷して死んだというのは、それなりに理屈に合っている記述と言えるであろう。なお、日本書紀別伝神話（第七段の第一書）では、「ワカヒルメ」という別の女神が負傷して死んだことになっている。この「ワカヒルメ」という名は、日本書紀本文神話でアマテラスの異名として示されている「オホヒルメノムチ」との対応関係が予想され、アマテラス自身が死んだという記述を避けるために、このような分身的な神が想定されているという可能性も考えられるのである。

アマテラスの対応

スサノヲの乱行にアマテラスがどのように対応したのか。この点について古事記神話と日本書紀本文神話では異なる記述が見られる。

古事記神話では、直前の項で示した（三）の乱行までの段階では、アマテラスはスサノヲの行為を正当化している。それは、ウケヒでスサノヲの潔白が示されたからなのであろう。ただし、その説明はかなり不可解と言えるもので、大嘗の祭祀をおこなう神聖な場所を汚物で汚したのは、神事に没頭して酒を飲み過ぎたため、嘔吐してしまったからであるとし、田の畔を壊したり、灌漑用の溝を埋めたりしたのは、土地がもったいないと思ったからであるというように述べている。

アマテラスによるこれらの発言は「詔り直す」と表現されている。これは、前述した「詔り別く」とも通じるものであり、言葉には特別な力があるという言霊信仰にもとづいて、現実の事象を変えようとする行為であると考えられる。アマテラスは自らの発言によって、スサノヲの乱行を正しい行為に変えようとするのであるが、スサノヲの乱行が激しさを増して、アマノハタオリメが死んでしまうと、「見畏みて」、すなわち、恐怖して、天の石屋に籠もってしまうのである。

これに対して、日本書紀本文神話ではアマテラスがスサノヲの行為を正当化するという記述は見られない。スサノヲが直前の項で示したような乱行をおこない、そして、（五）で神に捧げる衣を織る建物の屋根に穴を空けて、皮を剥いだ馬（ただし、古事記神話とは異なって、逆さに剥いだという記述は見られない）を投げ入れた。アマテラスはそれに驚いて負傷し、ついに「発慍《いかり》まして」、すなわち、激怒して、天の石窟《いはや》に籠もってしまうのである。天の石屋に籠もった理由として、古事記神話では怖れをあげているが、日本書紀本文神話では怒りをあげている点が異なっている。つまり、古事記神話の場合、スサノヲの乱行を正当化し、その乱行を恐れるのであるが、それが必ずしもスサノヲに対する憎しみにはつながっていないのに対して、日本書紀本文神話の場合、最初からスサノヲを悪神と捉え、スサノヲの乱行を正当化することはもちろんなく、その乱行に対して怒りを露わにしているのである。両神話においてアマテラスの対応は著しく異なっていると言えるのである。

以上のように、スサノヲの乱行に耐えかねて、天の石屋に籠もってしまうという点で、両神話は基本的に一致しているのであるが、スサノヲの行為に対する正当化の有無や、天の石屋に籠もってしまった理由については、違いが見られるのである。これらの違いは一見、大したものではないように感じられるが、スサノヲをどのように捉えているのかという視点から眺めてみると、重要な違いとして捉えることができると思われる。それはつぎのようにまとめられるであろう。

古事記神話では、アマテラスがスサノヲの行為を正当化するという記述を通して、スサノヲの乱行が悪意にもとづいているのではないということを示しており、アマテラスが天の石屋に籠もったのも、あくまで身の危険を感じたからであって、けっしてスサノヲを邪悪な存在として憎んでいるわけではないということを示しているように思われる。

これに対して、日本書紀本文神話では、スサノヲの行為への正当化はなく、その乱行は、そのままスサノヲの悪意を表しており、アマテラスが天の石窟に籠もった理由が怒りであるとされていることから、スサノヲが乱行を繰り返す邪悪な存在であるということを示しているように思われる。

第一章第五節の「スサノヲの位置づけ」という項で述べたように、スサノヲの位置づけには両神話で大きな違いが見られたが、スサノヲの乱行にアマテラスがどう対応したかという点についても、そのような位置づけの違いが背景にあることで、違いが出ていると考えられるのである。

二　天の石屋籠もりをめぐって

天の石屋籠もりの影響

アマテラスが籠もった場所は、古事記神話では「天の石屋」、日本書紀神話では「天の石窟」と呼ばれている。個別の神話に言及する場合、この二つの呼称を使い分けるが、両神話にまたがって言及する場合、直前の項ですでにそうしているように、便宜的に古事記神話の呼称を用いることにしたい。この二つの呼称は単に表記上の違いであると思われるが、この場合の「石」というのは建物の堅固さを表しているだけであって、自然にある洞窟とは明確に区別すべきであるという指摘もある(5)。その是非をにわかに判断することはできないが、考慮すべき指摘と言えるであろう。

両神話はそのあとに、アマテラスが天の石屋に籠もったことによる影響について記述している。日の神であるアマテラスが隠れたため、世界が夜の状態になったと捉えている点で両神話は一致しているが、違う点もいくつか見られる。以下では、その違いについて検討することにしたい。

まずは夜の状態になった場所の指示が違っている点である。古事記神話では高天原と葦原の中つ国であるとし、日本書紀本文神話では六合《くに》の内であるとする。「六合」とは通常、天と地と東西南北の四方のことを指す術語である。古事記神話の世界観において、地上には葦原の中つ国だけでなく、海原なども存在しているので、両神話が指している場所は厳密には一致していないのである。

しかし、高天原と葦原の中つ国の二つをあげているからといって、それ以外の国が夜の状態になっていないわけでもないであろう。そもそも、日の神が隠れているのに、地上の一部が日の光に照らされ続けているというのは不自然である。古事記神話で高天原と葦原の中つ国の二つだけをあげるのは、それらの密接な関係を示そうとしているからであろう。アマテラスが天の石屋から連れ戻されたときにも、高天原と葦原の中つ国に光が戻ったと述べていて、二つの世界が光を共有する運命共同体のように描かれているのである。一方、日本書紀本文神話では、アマテラスが天の石窟から連れ戻されたとき、光が戻ったという記述は見られない。記述を省略しても構わないと考えたのであろう。

つぎは古事記神話だけが夜の状態になった世界で様々な災いが生じたと述べている点である。「万《よろづ》の神の声、狭蠅《さばへ》なす満ち、万の妖《わざはひ》、悉く発《おこ》りき」という表現から窺われるように、その災いは、神――おそらく邪神――が跋扈《ばっこ》することでもたらされたと捉えている。これに対して、日本書紀神話の場合、本文神話と別伝神話のどちらにもそのような記述は見られない。したがって、このような記述は古事記神話特有の発想という可能性もある。というのも、スサノヲが任せられた国を統治せず、泣いていたときにも、「悪しき神の声、狭蠅の如く皆満ち、万の物の妖、悉く発りき」という表現が登場するからである、スサノヲは暴風雨の神なので、水を司る性格を有している。一方、アマテラスは日の光を司る性格を有している。水や光は世界に不可欠なものであり、その供給が止まると、世界は機能不全に陥り、邪神が跋扈することになると考えられているのではないであろうか(6)。

そのほかの違いとして、夜の状態になった世界をなんとかしようと集まった天つ神たちを、古事記神話では「八百万《やほよろづ》の神」と呼ぶのに対して、日本書紀本文神話では「八十万《やそよろづ》の神」と呼んでいる点があげられる。両者とも一貫してそう表現しており、そのような違いが生じている理由は不明であるが、興味深いものがある。なお、一般に日本の神を総称して「八百万の神」と言う場合があるが、古事記神話では、この呼称があくまでも高天原の神だけを指していることに注意する必要がある。

天つ神たちの企て①

アマテラスが天の石屋に籠もってしまったことから、世界は夜の状態になってしまった。そのため、天つ神たちは集まり、アマテラスを天の石屋から連れ戻す策について協議した。天つ神たちが集まった場所は、古事記神話と日本書紀本文神話のどちらも天の安の河の河辺としている(7)。この天の安の河は、古事記神話においてスサノヲとアマテラスがウケヒをおこなった場所でもある(日本書紀本文神話では、ウケヒをおこなった場所を明示していない）。

協議の結果、天つ神たちによって、アマテラスを天の石屋から連れ戻すための企てが進められることになるが、それはかなり込み入った内容になっている。そして、この企てに関する古事記神話と日本書紀本文神話の記述は概ね一致しているのであるが、異なる点も見られる。そこで、天つ神たちの企てについて、古事記神話と日本書紀本文神話の記述を示しておくことにしよう（ただし、アマノウズメの活躍については、あとの項で改めて扱うので、ここには示さないことにする）。

古事記神話

（一）オモヒカネに考えさせる。
（二）常世の長鳴鳥を集めて鳴かせる。
（三）鏡と勾璁《まがたま》を作らせる。
（四）占いをおこなう。
（五）天の真賢木《まさかき》の枝に勾璁、鏡、御幣《みてぐら》を取りつけ、それをフトタマにもたせる。
（六）アマノコヤネに太《ふと》祝詞を唱えさせる。
（七）アマノタヂカラヲを石屋戸のそばに隠れ立たせる。

日本書紀本文神話

（一）オモヒカネに考えさせる。
（二）常世の長鳴鳥を集めて鳴かせる。

（三）アマノタヂカラヲを窟戸のそばに隠れ立たせる。
（四）天の真賢木の枝に玉、鏡、御幣を取りつけ、それをアマノコヤネとフトタマにもたせ、祈祷させる。

両神話に見られる天つ神たちの企ては以上のとおりである。内容に大きな違いはないが、古事記神話の記述がかなり詳細であるのに対して、日本書紀本文神話の記述は簡素であると指摘できるであろう。そのため、古事記神話で言及されているのに、日本書紀本文神話では言及されていないというような事柄が多く存在する。以下では、両神話の違いについて四点を指摘しておきたい。

第一はオモヒカネという神の位置づけについてである。天つ神たちが協議している際、具体的な立案をするのがこのオモヒカネであるとする点で両神話は一致しているが、古事記神話がオモヒカネをタカミムスヒの子であると明示しているの対して、日本書紀本文神話ではそう明示していない。日本書紀別伝神話（第七段の第一書）に「高皇産霊《たかみむすひ》の息思兼神《みこおもひかね》」という記述があるので、その別伝神話を合わせ読めば、古事記神話の記述と一致するのであるが、本文神話だけではそう言えないのである。筆者は日本書紀神話について、編纂者が正式に認めたものを本文神話、正式には認めず、傍系の参考資料として扱っているものを別伝神話と基本的に理解している。したがって、たとえ同じ『日本書紀』の記述とはいえ、両者を安易に同一視することはできない。オモヒカネをタカミムスヒの子と捉えることは、本文神話が描く構想を理解する上で大きな支障になる可能性もあるだろう。

天つ神たちの企て②

第二は、アマテラスを天の石屋から連れ戻すための祭祀で用いた鏡と玉の由来についてである。古事記神話では、天の安の河の河上にある天の堅石《かたしは》と、天の金山の鉄《くろがね》を用いて、アマツマラとイシコリドメが鏡を作り、タマノオヤが「八尺《やさか》の勾璁の五百津《いほつ》のみすまるの珠」を作ったと記述しているが、日本書紀本文神話では、「八咫《やた》の鏡」と呼ばれる鏡と「八坂瓊《やさかに》の五百箇御統《いほつのみすまる》」と呼ばれる玉が登場しているものの、その由来についてはまったく言及していない。この玉が古事記神話で示されているような勾璁であったのかどうかも、記述からは明らかでないのである。

なお、対応する日本書紀別伝神話を見てみると、第七段の第三書に「石凝戸辺《いしこりとべ》が作れる八咫の鏡」とあり、また、作られた玉が「曲玉」と示されていて、古事記神話の記述に近いものもある。しかし、別伝神話にもアマツマラとタマノオヤという神は見られない(8)。

第三は、直前の項の一覧で示したように、古事記神話では天つ神たちが占いをおこなうと記述しているのに対して、日本書紀本文神話ではそのような記述が見られないことについてである。この場合の占いとは、鹿の肩骨をハハカ（ウワミズザクラのこと）の皮を燃やすことで焼き、ひびの入り方を見て吉凶を占うという太占《ふとまに》のことである。この太占は、イザナキとイザナミが国生みの途中で昇天して、天つ神の指示を仰いだときにも、天つ神がおこなっている。日本書紀本文神話の場合、全体を通して見ても、神が太占をおこなうという記述は見られない。

占いをおこなうという記述が日本書紀本文神話に見られない理由は明確ではないが、記述を簡素にするために省略したということも考えられなくはないであろう。実際、アマノコヤネとフトタマが祭祀をおこなうと記述しているので、古事記神話のように、その両神が祭祀に先だって占いをおこなうことに言及することで、記述が冗長になるのを避けた可能性がある。

ただし、日本書紀別伝神話にも占いをおこなうという記述は確認されないので、日本書紀神話を編纂する際に用いられた神話に、占いをおこなうという記述が元々存在しなかった可能性も考えられるであろう。その場合、古事記神話を編纂する際に用いられた神話にそのような記述があったか、『古事記』の編纂者が、なんらかの意図によって、占いをおこなうという記述を挿入したかということが想定されるであろう。この点は、イザナキとイザナミが指示を仰いだとき、天つ神が太占をおこなったという前述（本書十七頁）の記述についても、同様のことが考えられるのである。

第四はアマノコヤネとフトタマがおこなう祭祀についてである。この祭祀は、寄代としての賢木に鏡、玉、御幣などを取りつけ、アマテラスを迎えるためにおこなうものと考えられるが[9]、祭祀の実行について、①祭具を準備した神、②祭具を取りもつ神、③祈祷する神という三つに分けて考察すると、古事記神話と日本書紀本文神話に違いが見られる。すなわち、古事記神話では①はアマノコヤネとフトタマの両神、②はフトタマ、③はアマノコヤネであるのに対して、日本書紀本文神話では①と③はアマノコヤネとフトタマの両神で、②は明示されていないが、おそらく両神であると思われる。つまり、日本書紀本文神話では役割が区別されていないのである。

なお、日本書紀別伝神話には異なる伝承も存在する。すなわち、第七段の第二書では①は諸神、

②は不明、③はアマノコヤネであり、同段の第三書では①と③はアマノコヤネ、②はフトタマとなっている。アマノコヤネとフトタマは、それぞれ朝廷における祭祀の主導権をめぐって競い合った中臣氏と忌部《いんべ》氏の祖神《おやがみ》と位置づけられる神であり、その二柱《ふたはしら》の神の位置づけをめぐっては、多様な伝承があったことが窺われるのである。

アマノウズメの活躍

以上によって、アマテラスを天の石屋から連れ戻す企ての準備が整ったことになるが、実際にアマテラスを連れ戻すことに関して大きな役割を演じているのは、アマノウズメという女神である。「アマノウズメ」という神名は、「天上の、髪飾りをした女」という意味に理解できる(10)。

アマノウズメに関する古事記神話と日本書紀本文神話の記述は、基本的な部分では一致していると言える。すなわち、アマノウズメが様々なものを身につけ、神がかりして踊る姿に引き寄せられて、アマテラスが戸を少し開けるようになるのである。しかし、違いもいくつか見られる。以下では、両神話の主な違いについて三点を指摘することにしよう。

第一はアマノウズメが身につけていたものに関する違いである。アマノウズメは植物を素材とする様々なものを身につけているが、これは単なる装飾品ではなく、アマテラスを招き出すために呪術的な力を身につけようとしたものと思われる。古事記神話であげられているのは、天の香山《かぐ》で採れた天の日影(ヒカゲノカズラという植物のこと)を用いた襷《たすき》、どこで採れたか不明の天の真拆《まさき》(マサキノカズラという植物のことらしい。ただし異説もある）を用いた鬘《かづら》（髪飾り）、天の香山で採れた小竹《ささ》（笹のこと）の葉を用いた手草《たぐさ》（草を束ねて、手にもつ）の三つである。これに対して、日本書紀本文神話であげられているのは、どこで採れたか不明の茅《かや》を巻きつけた矟《ほこ》、天の香山で採れた真坂樹《まさかき》を用いた鬘、どこで採れたか不明の蘿《ひかげ》（ヒカゲノカズラのこと）を用いた襷という三つである。両神話の記述には似ている部分もあるが、完全に一致しているものは一つとしてないのである。

第二はアマノウズメの動作に関する違いである。両神話とも、アマノウズメが天の石屋戸の前で桶を踏み鳴らして、トランス状態になったと捉えている点では一致している(11)。しかし、古事記神話には、アマノウズメが肌を露出させ、それによって、高天原が震動するほどに、そこにいた八百万の神は笑ったという記述があるが、日本書紀本文神話には見られない。一方、日本書紀本文神話には、アマノウズメ自身が笑っていて、また、庭火を焚いたという記述があるが、古事記神話には見られない。なお、ここに出てくる笑いというのは、邪気を圧倒するような大笑いのことを意味していると思われる。古事記神話の原文では、笑いは「咲《わらひ》」と表記されている。「わらふ」は「わる」につながる言葉であり、その点で「さく」という言葉とも意味的に近い。「わらふ」「さく」のどちらも、なにかを分割して、広げるのである。したがって、笑うことには、自分を大きく見せることによって、邪気を圧倒するという意図とともに、石屋戸を開けるという意図も含まれているのであろう。

第三はアマテラスが戸を開けた状況に関する違いである。両神話とも、自分が天の石屋に籠もっているのに、なぜその外でみんなが喜んでいるのかとアマテラスが疑問に思って、戸を少し開けたとする点では一致している。しかし、古事記神話ではもう一つの過程を加えている。すなわち、アマテラスのこの疑問に対して、アマノウズメが、「あなたより貴い方がいらっしゃるから、みんなで喜んでいるのですよ」と答えて、アマノコヤネとフトタマが少し開いた隙間から鏡を見せる。アマテラスは鏡に写った姿を自分とは気づかず、もっとよく見ようと戸から少しずつ出ていったところを、アマノタヂカラヲに捕まえられるのである。これに対して、日本書紀本文神話の場合、戸が少し開いた隙間からアマノタヂカラヲがアマテラスを引きずり出す形になっているのである。

以上のように、両神話ともに、アマテラスを天の石屋から連れ出すことに関するアマノウズメの活躍を記しているのであるが(12)、概して言えば、その記述は天の石屋籠もりに関するこれまでの記述と同様に、古事記神話の方が日本書紀本文神話よりも詳細な形になっていると言えるであろう。

スサノヲへの対応①

天つ神たちの一致協力した企てと行動によって、アマテラスは天の石屋から連れ戻され、世界が再び日の光に照らされることになった。そのあと引き続いて、天つ神たちは、このような混乱を引き起こした張本人で、乱行を繰り返すことによって罪を帯びた存在となったスサノヲに対応することになる。その対応は三つに分けることができるのであろう。すなわち、（一）千位置戸《ちくらのおきと》(13)（日本書紀本文神話では「千座《ちくら》置戸」となっている）に関わること、（二）鬚《ひげ》（日本書紀本文神話では「髪」となっている）や爪に関わること、（三）スサノヲを高天原から去らせること、という三つである。以下では、その各々について古事記神話と日本書紀本文神話における記述の異同を考察したい。

まずは（一）の千位置戸に関わることについてである。この「千位置戸」については不明な点も多いが、罪を祓う際に用いられるもの（たとえば刀や弓矢などの武具、布、人形、米や酒などの飲食物、馬）のことを指していると捉えている点で、多くの先行研究は一致している。(14) その点については取り立てて異を唱える必要はないであろう。古事記神話ではこの千位置戸を「負《おほ》す」、日本書紀本文神話では「科する」「促《せ》め徴《はた》る」と述べており、表現の違いは多少あるものの、罪を祓うため、スサノヲに「千位置戸」と呼ぶ物品を提出させたという点では同様と考えてよいであろう。

つぎは（二）の鬚や爪に関わることについてであるが、前述のように、古事記神話で「鬚」となっているところが、日本書紀本文神話では「髪」となっている。(15) どちらにしても、爪と同様に身体の一部でありながら、身体から容易に分離しうるものがあげられているのである。

鬚や爪を切ったり、抜いたりするのは、(16) けっして身体に危害を加えるような罰ではないであろう。また、部分であったものは、全体から離れても、部分であり続けるという、いわゆる感染呪術的な観念にもとづいて、スサノヲの身体の一部を確保し、その自由を奪ったというように理解するものもあるが、(17) それは妥当ではないであろう。そもそも、ハラへ（祓へ）というのは、悪しき行為をすることによって身についた罪を取り除くためにおこなうものであって、そのため、千位置戸のように、ハラへに必要な物品を提出させたり、罪を取り除こうとして、身体の一部に身体全体を代表させ、それを廃棄したりするのである。身体に危害を加えたり、身体の一部を確保して、自由を奪ったりすることは、ハラへによって罪を除去することとは関係ないであろう。したがって、鬚や爪の切除は、身体の一部に身体全体を代表させて、それを廃棄するという後者の行為に該当するものと思われる[18]。このように、鬚や爪を切除することは、古事記神話、日本書紀本文神話ともに、ハラへの一環としておこなっており、両者に根本的な違いはないと考えられるのである[19]。

最後は（三）のスサノヲを高天原から去らせることについてである。この点に関して基本的なこととして確認しておかなければならないのは、古事記神話および日本書紀本文神話において、この行為自体はハラへに含まれてはいないという点である。両神話の記述を見るかぎり、ハラへによる罪の除去は、千位置戸の提出と鬚や爪の切除によって終わっているのであって、スサノヲにさらなる行為を強いているわけではない。したがって、天つ神たちがスサノヲを高天原から去らせることは、ハラへと区別して考えなければならないのである。

スサノヲを高天原から去らせる仕方は、両神話のあいだで大きな違いがあるように思われる。すなわち、古事記神話ではそれを「神やらひやらふ」、日本書紀本文神話では「逐《はら》ふ」[20]と表現している。大半の先行研究は、日本書紀本文神話の「逐」をも「（かむ）やらふ」と読み、追放するという意味で捉えているが、これは大きな問題であると言えよう。この点については直後の項で考察したい。

スサノヲへの対応②

そもそも、「神やらひやらふ」や「逐ふ」という表現は、それに先だっておこなわれたイザナキ

（日本書紀本文神話ではイザナキとイザナミ）による命令との関連で考察すべきものであろう。

古事記神話では、任せた海原を統治せず、妣《はは》の国である根の堅州国に行きたいと言って泣くスサノヲに対して、自らの思うように事が運ばないことに苛立ってイザナキは激怒するのであるが、結局、スサノヲに「神やらひやらふ」（ただし、「神やらひにやらふ」という表記もある）という命令を与えたのである。もし「神やらひやらふ」が追放することを意味するのであれば、かなり不自然なことになるであろう。なぜならば、この場合の追放は、スサノヲがとどまっていた葦原の中つ国からの追放と考えざるをえないが、スサノヲは葦原の中つ国にとどまりたかったわけではなく、根の堅州国に行きたがっていたのである。そして、スサノヲは「神やらひやらふ」という命令を受けたあと、根の堅州国に行くことになる――実際にはアマテラスへの暇乞いなどで先送りになるが――。このように、自分がとどまりたいとは思っていないところから立ち退いて、自分が行きたいと思っているところに行けることが、どうして追放ということになるであろうか。そうではなくて、イザナキは一時的に怒ったが、結局は諦めて、スサノヲが行きたいところに行かせたと考えられるであろう。

これに対して、日本書紀本文神話の記述によると、スサノヲは生来、残忍な性格をしており、常に大泣きして、地上にいる人間を死に至らしめていた。そのため、イザナキはスサノヲを統治者の器ではないと考え、地上にとどまることを許さず、本人の意向も問わないままに、根の国に行くように命じた。それが「逐ふ」と表現されている。これこそまさに追放なのである。

天つ神たちによる「神やらひやらふ」や「逐ふ」は、イザナキが命令したことをそのまま継承しており、その命令とは別に、なにか新たなことを命じたわけではない。もし命じたとすれば、イザナキがスサノヲに与えた命令が宙に浮いてしまうであろう。スサノヲがイザナキの命令に従って根の堅州国（あるいは根の国）に行くまえに、高天原に寄って様々な騒動を引き起こしたことから、話が複雑になっているが、それによって、イザナキがスサノヲに与えた命令が無効になったわけではないのである。天つ神たちによる「神やらひやらふ」や「逐ふ」は、それに先立つイザナキによる「神やらひやらふ」や「逐ふ」をそのまま反復したものにほかならず、したがって、古事記神話においては、スサノヲが行きたいと言っていた根の堅州国に希望どおりに行かせようとしたと理解すべきであるし、日本書紀本文神話においては、乱行による罪の発生の責任をとらせて、高天原から追放処分にしたのではなく――罪はハラへによってすでに払拭されているので、これ以上、なにかをする必要はない――、当初の予定どおりにスサノヲを根の国に追放したと理解すべきであろう。

以上のように、天つ神たちによるスサノヲへの対応を三つに分けて、古事記神話と日本書紀本文神話における記述の異同について考察してきた。スサノヲが高天原で犯した罪については、両神話ともハラへをおこなうということで、千位置戸を提供させたり、鬚（または髪）や爪を切除させたりしており、記述は大体一致しているが、スサノヲを高天原から去らせることに関しては大きな違いがある。それは、スサノヲに与えたイザナキの命令をそのまま継承しているからで、さらにイザナキの命令が異なっているのは、スサノヲという神に対する捉え方が両神話で根本的に異なっているからである。このように、スサノヲは、古事記神話では行きたがった根の堅州国に向かうことになるし、日本書紀本文神話では根の国へと追放されることになる。したがって、根の堅州国と根の国は一見、似てはいるが、まったく異質な世界として捉えられている可能性があるだろう。

三　オホゲツヒメの殺害をめぐって

位置づけに関する問題

このあと、スサノヲは地上に向かうことになるが、古事記神話には、そのあいだに一つの神話が存在している。それはスサノヲがオホゲツヒメを殺害するという神話である。この神話は日本書紀本文神話には見られないものであり、古事記神話独自のものと思われる。以下ではその記述を示し、この神話に関わる基本的な問題点について指摘しておきたい。

又、食物《をしもの》を大気津比売の神に乞ひき。爾《ここ》に大気都比売、鼻口及《また》尻より、種種《くさぐさ》の味物《ためつもの》を取り出して、種種に作り具へて進《たてまつ》る時に、速須佐之男の命、其の態《わざ》を立ち伺ひて、穢《けが》汚して奉進《たてまつ》ると為《おも》ひて、乃ち其の大宜津比売の神を殺しき。故《かれ》、殺さえし神の身に生《な》れる物は、頭に蚕《かひこ》生り、二つの目に稲種生り、二つの耳に粟生り、鼻に小豆《あづき》生り、陰《ほと》に麦生り、尻に大豆《まめ》生りき。故是に、神産巣日の御祖の命、茲れを取らしめて、種と成しき。

この神話に関わる基本的な問題点とは、その存在を古事記神話全体のなかでどのように捉えるかというものである。この点については、本居宣長の『古事記伝』を始めとして、多くの先行研究に共通して見られる捉え方がある。それは、この神話を前後の神話と直接つながらない遊離的な神話と捉えるというものである。これに関連して、前掲の神話の冒頭にある「又」という語がその直前の記述とうまくつながらないため、脱文があるのではないかとか、穀物の起源を語る重要な神話なので、多少無理をしてでも、この部分に挿入したのではないかとか、様々に解釈されている[21]。

たしかにスサノヲによるオホゲツヒメ殺害の神話という存在は一見、唐突で不自然なもののように感じられるであろう。高天原を離れたスサノヲは地上に向かうのであるが、この神話の舞台が高天原なのか、葦原の中つ国なのかはっきりしないように思われるし、高天原で清められたはずのスサノヲが女神殺害という乱行に及ぶというのも、不可解なことのように思われなくはない。この神話を、主要な食物である五穀の起源をもたらす一つの独立した神話と考えて、その神話の置き場所を求めた結果、最終的に天の石屋籠もりの神話とヤマタノヲロチ退治の神話のあいだに挿入したという捉え方にも、それなりの説得力がないわけではない。

しかし、そのような捉え方に対して根本的な疑問を感じる。なぜならば、古事記神話のなかに、前後と直接つながらないような中途半端な記述が存在するとは思えないからである。本書におけるこれまでの考察からも窺い知ることができるように、古事記神話は、編纂者によって高度に組織化された神話体系として存在していると思われる。さらに言うならば、古事記神話に触れて不自然と感じるような部分については、当然、編纂者もそう感じるであろうし、それをそのまま放置しておいたとは考えられないのである。したがって、スサノヲによるオホゲツヒメ殺害の神話は、前後の神話と直接つながらない遊離的な神話なのではなくて、古事記神話に内在する論理というものを掴みかねた結果、そのような強引な合理化をしようとしていると考えるべきなのではないであろうか。もしそうだとすれば、それは古事記神話の内容を不当に歪曲してしまうことになるであろう。

近年の先行研究には、スサノヲによるオホゲツヒメ殺害の神話を、可能なかぎり前後の文脈に即して理解しようとするものが現れてきている(22)。本書では、そのような先行研究を踏まえ、この神話が存在する意味について考察したいと思う。

食物を乞うこと

スサノヲによるオホゲツヒメ殺害の神話については、いくつかの論点が存在している、以下に続く各項では四つの論点をあげて、考察を加えてゆくことにしよう。

第一の論点はオホゲツヒメに食物を乞うという問題である。直前の項で示した「又」という語で始まる文章については、前後の接続が不自然であると指摘する先行研究が多く存在しているが、「又」という語が別の語の誤りであるとか、あるいは、元々はほかにも文章があって、それが脱落したために、「又」の語から始まっているのであるというような確証がない以上、ここは、まさに「又」の語によって始まる文章として理解するしかないであろう。

そうすると、「又」の語のあとに出てくる、オホゲツヒメに食物を乞うという動作の主体が明示されていない点が問題となるが、「又」という語があるのだから、乞うという動作の主体は、「又」の語が出てくる直前の文章における動作の主体と一致すると考えるのが自然であろう。その文章とは、八百万の神がスサノヲに千位置戸を提出させ、鬚や爪を切除して、高天原から去らせたという部分にほかならない。したがって、八百万の神がオホゲツヒメに食物を乞うたということになるのである。もしそうであれば、これに付随して、八百万の神がオホゲツヒメに食物を乞うことがどのような形でおこなわれたのか、そして、そもそも食物を乞うた理由が問題となるであろう。

まず食物を乞うことがどのような形でおこなわれたのかについてであるが、オホゲツヒメはイザナキとイザナミが葦原の中つ国で生んだ神なので、当然、葦原の中つ国にいると考えるべきであり、高天原に住んでいるという明確な記述もないのに、オホゲツヒメが高天原にいると理解するのは不自然であろう。したがって、八百万の神は、使者を送るなどのなんらかの手段を用いて、葦原の中つ国にいるオホゲツヒメに食物を乞うたと考えられるであろう。

そして、八百万の神が食物を乞うた理由についてであるが、それは記述にはっきり示されているわけではない。したがって、なんらかの手掛かりを探して、論理的に推測するしかないのであるが、そこで注目されるのは、スサノヲがオホゲツヒメから食物を受け取ろうとしている点である。八百万の神がオホゲツヒメに食物を乞うたことと、スサノヲがオホゲツヒメから食物を受け取ろうとしたこと、この二つの事柄を素直に結びつけるならば、八百万の神が、オホゲツヒメに対してスサノヲに食物を与えるように乞い、それを承けて、スサノヲが葦原の中つ国に着いたあと、オホゲツヒメから食物を受け取ろうとした、ということになるのではないであろうか。もしそのような理解が妥当であるならば、八百万の神が食物を乞うた理由として、地上に降ったスサノヲをご馳走でもてなそうとしたということが考えられるであろう。

この点に関して、八百万の神が、高天原から去ったスサノヲをもてなすように依頼するというのは不自然ではないかという疑問が生じる可能性があるであろう。しかし、スサノヲは千位置戸を提出し、鬚や爪を切除して、罪のハラへをおこなった存在なのである。イザナキから与えられていた命令に従って、高天原を立ち去ることにはなったが、けっして忌まわしい罪人として追放されたわけではない。そもそも、罪人として追放するだけならば、八百万の神は、そのような罪のハラへをわざわざおこなわせる必要はなかったであろう。第三章において後述するように、地上に降ったスサノヲは、アマテラスを中心とする天つ神のために、いくつかの重要な役割を果たしているのである。これらの点から考えて、アマテラスの弟として地上に降り立ったスサノヲのために、八百万の神がオホゲツヒメにもてなすことを依頼したというのは、けっして不自然な理解ではないのである。

スサノヲによる殺害

第二の論点は、スサノヲがオホゲツヒメを殺害することの背景と、殺害することによってもたらされた結果に関わる問題である。

そもそも、古事記神話においてスサノヲは殺害という行為と密接な関わりがある神のように思われる。その具体的な例をあげるならば、高天原において、逆剥ぎした馬の皮（あるいは、皮を剥がされた馬。馬は殺害されているであろう）を、神に捧げる衣を織る建物に投げ入れて、アマノハタオリメを驚かして、死に至らしめたし、地上に降り立ってからは、人身御供となる定めにあったクシナダヒメを助けるために、策略を用いてヤマタノヲロチを殺害したし、兄たちからの迫害を逃れるために頼ってきたオホナムヂには、スサノヲ自身が殺害してしまったと錯覚するほど過酷な試練を課した（オホナムヂは間一髪で死を免れたが）。それに先だって、スサノヲが妣の国根の堅州国に行きたいと言って大泣きしたときには、山の木々は枯れ、河や海も干上がってしまったとされ、古事記神話では明示されていないが、そのような状況下で、地上の生き物は多く死に至らしめられたことであろう。

このように、スサノヲは殺害という行為と密接な関わりがある神のように思われるのであるが、しかし、古事記神話の記述を見るかぎり、それは、けっしてスサノヲが残忍な性格の存在であるからというわけではないであろう。「スサノヲ」という神名の「スサ」が、「荒ぶ」「進む」などの語と関連が予想されることからも窺えるように、スサノヲという神は、ひとたびその方向へと進むと、荒々しく勢いを増して、そのまま突き進んでしまう存在なのである。そのため、場合によっては、相手を殺害してしまうことさえあるのである。

オホゲツヒメの殺害についても同様のことが言えるであろう。オホゲツヒメはスサノヲをもてなすために食物を用意しようとしたが、スサノヲは、その食物を一体どこからをもってくるのか気になって、覗き見てみると、オホゲツヒメは体の様々な穴から食物を出して、なに食わぬ顔でスサノヲに差し出そうとした。そのような汚らわしい食物でもてなそうとすることは、自分を侮辱するものであるとして、スサノヲは激怒し、その勢いのままにオホゲツヒメを殺害してしまったのである。

殺害されたオホゲツヒメの亡骸には様々なものが化生していた。すなわち、頭には蚕、両目には稲種、両耳には粟、鼻には小豆、局部には麦、尻には大豆が化生していた。稲種と粟などとでは、若干異なるもののようにも思えるが、そのあとの文章では化生した六つのものを「種と成しき」と述べているので、粟などは、粟などそのものというよりは、それらのもとになる種なのであろう。蚕の種は蚕となり、布の原料となる糸をもたらし、五穀の種は五穀をもたらしてくれる。穀物などという生活に必要不可欠なものが、オホゲツヒメを殺害することによって得られたことになるのである。

食物に関わる女神が殺害され、その亡骸に食物が化生したと説く神話は、神話学で「ハイヌウェレ型神話」と呼ばれており、食物起源の神話として主に環太平洋地域に流布している。スサノヲによるオホゲツヒメ殺害の神話も、そのような神話と結びつけて考えることができるであろう。

ただし、スサノヲによるオホゲツヒメ殺害の神話が、ハイヌウェレ型神話として捉えられるという指摘だけでは、古事記神話の独自性を見落とすことになるであろう。古事記神話において食物神の殺害は、荒々しさゆえに殺害さえしかねないスサノヲと結びつけられているのである。なぜそのような位置づけをするのか、その理由を断定することは難しいが、穀物などという生活に必要不可欠なものが、スサノヲによって、けっして意図的ではなく、偶発的にもたらされたということを述べようとしているように思われるのである。

スサノヲと穀物などの種

第三の論点は、オオゲツヒメの亡骸に化生した穀物などを、前掲（本書八十四頁）の古事記神話の記述に見られるように、カムムスヒが「種と成しき」としている点である。

カムムスヒという神については、第一章第一節の「別天つ神の登場」という項ですでに言及しているが、ムスヒ、すなわち、生成の力を神格化した神と考えられる。ただし、原初に現れるムスヒはタカミムスヒ、カムムスヒという二柱の構成になっており、古事記神話においては、タカミムスヒがもっぱら高天原の発展に関わる神であるのに対して、カムムスヒは葦原の中つ国の発展に関わる神であるというように、はっきりと役割分担がなされているように思われる。

前掲の古事記神話の記述では、このカムムスヒがオホゲツヒメの亡骸に化生した穀物などを「取らしめて、種と成しき」としている。「取らしめて」というのは明らかに使役の表現なので、だれかに取らせたものと思われる。それがだれであるのか明示されていないが、オホゲツヒメの亡骸に穀物などが化生したことをだれが報告したのかという点も考え合わせるならば、殺害したあと、そこにそのままいたはずのスサノヲこそ、その報告者であり、カムムスヒからその種を取るように命じられた者と考えるのが妥当な理解であろう。

そして、これらの種がどうなったのか、すなわち、種の行き先がさらに問題となるが、古事記神話にはそれに関する記述がないので、論理的に推測するしかない。そして、種の最終的な行き先に関する可能性としては、高天原か葦原の中つ国かのどちらかしか考えられないであろう。

もしそれが高天原であるとすると、機織りや農耕がすでにおこなわれている高天原に、それらの種をもたらすことは無意味であるという疑問が生じるであろう。なお、スサノヲは機織りの神アマノハタオリメを死に至らしめ、畔の破壊や農耕祭祀をおこなう建物を汚すなどによって、高天原に大きな損害を与えたが、それは機織りや農耕に支障を来たした程度にとどまり、種を新たに取り入れて、抜本的に立て直さなければならないほどの壊滅的な状況になっていたとは考えにくい。そのうえ、前述のように、カムムスヒは葦原の中つ国の発展に関わる神と考えられるのであって、カムムスヒが高天原に穀物などの種をもたらしたと捉えるならば、カムムスヒが高天原の発展に関与することになり、二柱のムスヒの神を立てている古事記神話の構想とも矛盾を来すように思われる。これらの点から、穀物などの種の行き先は高天原ではなく、葦原の中つ国であったと考えるべきであろう。

日本書紀別伝神話（第九段の第二書）には、アマテラスが天降りするホノニニギに対して、高天原にあった稲穂を授けるという記述がある。この場合の稲穂も、直前の項で述べた五穀と同様に、単なる稲ではなく、稲種の性格をもつものと思われる。この神話の記述のように、高天原にあった稲種を葦原の中つ国へともたらすという構想もありえたであろうが、古事記神話はそのようには記述していない(23)。古事記神話では、葦原の中つ国にいたオホゲツヒメを殺害し、カムムスヒの命令によって、その亡骸に化生した穀物などの種を採取したのは、スサノヲであると考えられるのであって、そのスサノヲがおそらくその種を携えて、出雲の地に向かうのである。そして、それが結局、葦原の中つ国において農耕が始まる契機となるのである。

直前の項でも言及したように、これはスサノヲ自身の意志によるものというわけでない。かと言って、すべてが天つ神だけによって成し遂げられるものというわけでもない。スサノヲは、葦原の中つ国の形成と発展という日本神話全体を貫く重要な構想のなかに、自身の意志とは別のところで組み込まれ、それを推進してゆく役割を果たす神として位置づけられていると思われるのである。

ウケモチ殺害神話との比較

本節では、古事記神話だけに登場しているスサノヲによるオホゲツヒメ殺害の神話について考察してきたが、日本書紀別伝神話（第五段の第十一書）には、ツクヨミによるウケモチ殺害という神話が見られる。古事記神話と日本書紀本文神話の比較研究という視点からは若干逸れることになるが、オホゲツヒメ殺害の神話に類似する神話として興味深い点があると思われるので、本項では両神話の比較検討をおこないたいと思う。これが第四の論点である。

まずウケモチ殺害の神話について概説しておこう。アマテラスとともに天上にいたツクヨミは、アマテラスの命令によって、地上にいるウケモチに会いにゆく。ウケモチは口からご飯、魚、獣、鳥などを吐き出し、それらで豪勢な料理を作り、ツクヨミをもてなそうとした。しかし、その様子を見たツクヨミは、口から吐き出した物で料理するなど、汚く、下品であると怒って、ウケモチを殺害してしまった。ツクヨミからその報告を受けたアマテラスは激怒し、ツクヨミとは顔を合わせたくないと述べた。これが昼と夜に分かれることになった由来である。そのあと、アマテラスはアマノクマヒトを使者として遣わし、殺害されたウケモチの亡骸の状態を確認させたところ、その頭に牛と馬、額に粟、眉に繭、眼に稗、腹に稲、局部に麦、大豆、小豆が化生していた。アマノクマヒトはそれらを持ち帰り、アマテラスに献上したところ、アマテラスは喜び、それらを顕見蒼生《うつしきあをひとくさ》、すなわち、地上に生きている人間の食物にしようとした。そのために、天上で畑や水田を営んだのである。

以上がウケモチ殺害の神話のあらましであるが、オホゲツヒメ殺害の神話と比較すると、同じような内容の神話であるが、細かな点まで含めれば、多くの違いを見いだすことができるであろう。(24) 以下では、特に注目すべき二点について考察しておきたいと思う。

第一は殺害する神と殺害される神に関する違いである。オホゲツヒメ殺害の神話でスサノヲが殺害する神となっているのは、「スサ」という言葉に表れている荒々しさもさることながら、暴風雨の神として、農業と密接に関わる存在であったからであろう。これに対して、ウケモチ殺害の神話でツクヨミが殺害する神となっているのは、満ち欠けを繰り返す月が生と死の繰り返しを象徴しているからであろう。食物が動植物の生と死の繰り返しのなかから得られるという認識が前提にあったと思われる。殺害される神であるオホゲツヒメ、ウケモチのどちらも食物神という点で一致しているが、両者は基本的に異なる神と考えるべきであろう。ウケモチの「ウケ」は立派な食物を意味し、食物一般ではなく、稲を意味するという指摘もある。(25) 古事記神話には、「ウケ（あるいは、ウカ）」という言葉を含むトヨウケビメやウカノミタマなどが登場するが、ウケモチ自体は登場してはいない。

第二は穀物などの種の扱い方に関する違いである。オホゲツヒメ殺害の神話では、天つ神であるカムムスヒの意向で、おそらくスサノヲが地上で採取した種を出雲に持っていったと思われるが、このウケモチ殺害の神話では、地上で採取した種を天上に持ってゆき、そこで栽培したと思われる。そのあとについての言及はないが、アマテラスが地上の人間の食物にしようと述べている点から、やがて地上に食物としてもたらされたのであろう。そうであるならば、直前の項で触れた、アマテラスが天降りするホノニニギに稲穂を授けたという第九段の第二書の神話は、もしかすると、ウケモチ殺害の神話を承けた話であったという可能性もけっしてありえなくはないであろう。

それはともかくとして、オホゲツヒメ殺害の神話とウケモチ殺害の神話は、穀物などの種が地上の食物神の亡骸から得られたとする点では一致しているが、ウケモチ殺害の神話では、その種を天上に持ち帰り、地上に生きる人間の食物にするために栽培するという手順を踏んでいる。このような点から見て、ウケモチ殺害の神話の方が、オホゲツヒメ殺害の神話よりも、地上に生きる人間の食物の成り立ちに関して、天つ神の果たす役割が大きく位置づけられていると言えるであろう。

第三章　出雲の神話

本章では、ヤマタノヲロチを退治したスサノヲと、その後継者として国作りをおこなったオホナムヂを中心に、出雲という地を舞台にして展開される神話を「出雲の神話」と捉えて、主だった違いに注目しながら、古事記神話と日本書紀本文神話の記述を比較検討することにしたい。

一　ヤマタノヲロチの退治をめぐって

老いた両親と娘

スサノヲが実際に降り立った場所について、古事記神話は出雲の国の肥《ひ》の河上にある鳥髪という地、日本書紀本文神話は出雲の国の簸《ひ》の川上をあげている。両者はほぼ同じ場所を指していると考えて問題ないであろう。なお、日本書紀別伝神話にある一つの神話（第八段の第二書）では、これとは異なり、安芸の国の可愛《え》の川上としている。したがって、その神話では、ヤマタノヲロチの退治は出雲を舞台にしていないことになるであろう。

そして、スサノヲはそこである家族に出会った。その出会い方にも微妙な違いがあり、古事記神話では、箸が川を流れてくるのを見て、だれかが住んでいる気配を感じて訪ねてゆき、泣いているその家族に出会ったのに対して、日本書紀本文神話では、だれかが泣いている声を聞きつけて訪ねてゆき、その家族に出会っている。両神話の記述は、その家族が老いた両親とその娘である少女という構成になっている点で一致している。ただし、前述した日本書紀別伝神話にある神話はこの点でも特異な記述をしており、夫と妊娠している妻だけが登場していて、娘はまだ生まれていない。その夫婦は、古事記神話や日本書紀本文神話とは異なり、おそらく老いてはいないと思われる。

老いた両親の記述については、古事記神話と日本書紀本文神話で概ね一致している。父親の名は「アシナヅチ」、母親の名は「テナヅチ」である。これらの神は足や手を撫でることに関わる精霊、つまり、娘を愛おしむ気もちを表し出したものとする解釈が知られているが、それ以外の解釈をあげているものもある。(1) ここで、アシナヅチはスサノヲに自分が国つ神であると示している。これは、両神話で「国つ神」という表現がはじめて登場する場面である。古事記神話では、アシナヅチをオホヤマツミの子であると記述しているが、日本書紀本文神話にそのような記述はない。古事記神話ではそのあとにも、スサノヲやその子孫がオホヤマツミの娘たちと結婚したという記述があり、スサノヲの系譜とオホヤマツミに密接な関係が見られる点は注目すべき点であろう。

娘の名は、古事記神話で「クシナダヒメ」、日本書紀本文神話で「クシイナダヒメ」となっているが、これは連声の有無による違いと考えてよい。「クシ」は霊妙であること、「イナダ」は稲田を意味しており、したがって、田に内在する特別な力を神格化した神ということになる。
スサノヲがこの家族に泣いている理由を問うと、ヤマタノヲロチという存在が毎年、娘を食べにやって来て、ついに残された最後の娘が食べられてしまう時期が近づいたので泣いているのであると、アシナヅチは答えた。クシナダヒメは人身御供となる定めだったのである。

ヤマタノヲロチという存在

古事記神話や日本書紀神話の記述を見るかぎり、そこに登場している存在は、神であれば、人間と同じような姿をしているし、たとえばタニグクやナキメのように、神話のなかで神と交流可能な生き物であれば、実際にいるカエルやキジと同じような姿をしていると考えられる。世界の諸神話に見られる、巨人、手や顔などが無数にある摩訶不思議な姿をした存在のように、この世界で実際に確認できないような存在はほとんど登場していないように思われるのである。しかし、古事記神話と日本書紀神話にもヒルコ、サルタビコのように例外的な存在がいくつかあるのであって、その最たるものがヤマタノヲロチと言えるのである。

まず「ヤマタノヲロチ」という名をどのように理解するかという点についてであるが、諸説があるものの、「ヲ」を尾、「ロ」を助詞、チを精霊と捉えて、八つに分岐した尾に内在する精霊として理解するのが妥当であろう(2)。あとの項で言及する草なぎの剣は、その精霊のもつ力を形にしたものと考えられるのである。なお、ヤマタノヲロチを神とは区別する理解が一般的であるようだが(3)、カグツチ、イカヅチ、ノヅチなどのように、事物に内在する精霊は、なにものであっても神となりうるので、ヤマタノヲロチを神として捉えることは十分可能であるように思う。

つぎにヤマタノヲロチの姿についてであるが、古事記神話、日本書紀本文神話の両方に記述がある。両神話は、(一) 赤かがち (ホオズキのこと) のような赤い目をしている、(二) 八つの頭と尾がある、(三) 身体 (日本書紀本文神話では背《そびら》のうえ) に蘿《ひかげ》(4) や檜や杉 (日本書紀本文神話では松柏《まつかへ》(5)) が生えている、(四) 身体は八つの谷と山を跨ぐ長さである、という四点でほぼ一致している。ただし、古事記神話だけに常に腹が血で爛《ただ》れているという記述がある。これらの記述からもわかるように、ヤマタノヲロチは単なる大蛇ではない。八つの頭や尾をもっていたり、八つの谷や山を跨ぐ長さであったりなど、わたしたちの経験上ではありえない特異な存在なのである。

それでは、なぜこのような姿をしているのであろうか。表された姿がその存在の特性を示しているという前提に立つならば、(二) や (四) の記述のように、頭と尾が複雑に分岐し、かつ、身体が異常に長い点からみて、いくつかの支流に枝分かれした大河というものを根本的なイメージとして捉えることができるであろう。(一) の赤い目については、実際、そのような色をした蛇が存在していて、黒い目よりも特異な印象を与えることにつながるであろう。(三) の身体に木が生えている点については、檜、杉、松柏がいずれも常緑樹であることから、永遠に続く強大な生命力が表されていると考えられる。なお、腹が血で爛れているという古事記神話の記述については、断定できないが、砂鉄を含んだ土砂が降雨などによって河川に流れ込み、その砂鉄が酸化して、赤く変色した様子を表しているとも考えられる。これらのことからわかるように、ヤマタノヲロチは大河、ひいてはその大河のもつ強大な自然の力を表象した存在であると思われるのである。

このヤマタノヲロチについて、古事記神話だけが「高志《こし》の」という形容を加えている。「高志」は地名と思われるので、ヤマタノヲロチが住んでいる場所を指しているのであろう。この高志については、従来、「越《こし》の国」と呼ばれていた北陸地域を指すとする説と、出雲の国のなかにある地名を指すとする説が出されているが、単に「高志のヤマタノヲロチ」とある記述だけでは、どうにも判断しがたいものがある。しかし、ヤマタノヲロチが大河のもつ強大な自然の力を表象した存在であるとするならば、出雲という特定の地域のなかにとどまるのではなく、越の国から出雲の国へと大きなスケールをもって、地上の国土を移動してきたとする前者の説の方が適切なように思われる(6)。

ヤマタノヲロチの退治

ヤマタノヲロチは毎年やって来ると言う。老いた両親と娘はその時期が来たと言って泣いていたのであるから、その時期をあらかじめ知っていたのである。年に一度、決められた時期にやって来るという規則性は自然世界のそれを思わせる。直前の項で述べたように、大河をヤマタノヲロチの根本的なイメージとして捉えるならば、年に一度の決められた時期という規則性は、台風の襲来する時期に対応しているのではないかと思われる。台風によってもたらされる大量の雨は、川を氾濫させ、川の近くにある集落を押し流し、多くの被害を生じさせる。それを防ぐため、川のもつ強大な自然の力を表象した神に対して、人身御供をおこなっていたと考えられるのである。

クシナダヒメがヤマタノヲロチに食べられてしまうとスサノヲは聞いて、それならば、わたしに献上する——この場合、娘を嫁がせること——ように依頼する。この点は古事記神話と日本書紀本文神話で一致しているが、(7)日本書紀本文神話の記述では、アシナヅチがそれを即座に受け入れたのに対して、古事記神話では、スサノヲの正体がわからないと言って躊躇《ためら》っている。そして、スサノヲがアマテラスの弟であると自らの正体を明かすことで、アシナヅチは受け入れるのである。もちろん、日本書紀本文神話でも、アシナヅチが正体不明のスサノヲに娘を嫁がせることを受け入れたというわけではないであろう。「勅《みことのり》の随《まま》に奉る」(第八段)という表現があるように、アシナヅチはスサノヲが高貴な存在であることを知っていたのである。したがって、日本書紀本文神話の場合、古事記神話のようなやりとりが省略されていたのではないかと思われるのである。

クシナダヒメと結婚するには、ヤマタノヲロチを退治しなければならない。クシナダヒメと結婚することとヤマタノヲロチを退治することが一つに結びついているので、無条件にクシナダヒメを助けようとしているわけではないが、力強い英雄が現れて、怪物を倒し、女性を救うという神話は、ギリシャ神話にちなんで、「ペルセウス・アンドロメダ型神話」と呼ばれることがある。スサノヲによるヤマタノヲロチの退治も、そのような神話に類似しているところがあるだろう。(8)

ただし、大きな違いもある。古事記神話と日本書紀本文神話のどちらも、スサノヲが助けようとしたクシナダヒメを櫛にして自らの頭に挿したと記述している。(9)この櫛は「クシ」(霊妙である)という音声と重なる一種の語呂合わせ的な表現であるが、同時にヤマタノヲロチの退治に向けて、スサノヲが霊妙な力を獲得したことを意味するであろう。つまり、助ける女性の力をも借りて、怪物を退治したという点が大きな違いと言えるのである。

スサノヲによるヤマタノヲロチ退治の記述は、古事記神話と日本書紀本文神話でほとんで同じであると言ってよいであろう。どちらの神話においてもスサノヲの知略が目立っている。スサノヲはヤマタノヲロチと直接対決して戦ったわけではない。スサノヲの作戦は、ヤマタノヲロチを来客として丁重にもてなすと見せかけて、その隙をついて退治するというものであった。そこで有効な役割を果たすのが酒である。そして、その酒をヤマタノヲロチの八つの頭のそれぞれに用意するという点に、スサノヲの知略の勝るところがある。通常であれば、もてなすヤマタノヲロチは一体なので、一つの容器を用意して酒を飲ませることであろう。その場合、八つの頭が交互に酒を飲むことになる。しかし、八つの容器を用意している場合、八つの頭が同時に酒を飲むことになる。身体は一つしかないから、酔う勢いは通常の八倍となり、しかも、この酒は何度も醸した甘美な酒であったため、さすがのヤマタノヲロチも飲み過ぎて、酔いつぶれてしまったのである。あとは寝ているヤマタノヲロチを切り裂いてしまえばそれでよかった。このずる賢い英雄像はヤマトタケルとも重なるものであろう。

草なぎの剣の発見

スサノヲがもっていた剣でヤマタノヲロチの身体を切り裂いていると、尾に違和感があった。調べてみると、尾のなかから剣が出てきた。(10) スサノヲはその剣を見て、古事記神話では「異《け》しき物」、日本書紀本文神話では「神《あや》しき剣」と感じたというのであるから、形状などが明らかに通常の剣とは異なっていたものと思われる。

この剣は古事記神話では「草那芸之大刀」または「草那芸剣」、日本書紀本文神話では「草薙《くさなぎ》剣」と表記されている。以下では両者をまとめて「草なぎの剣」と表記しておきたい。古事記神話では明示されていないが、この名称は、のちにヤマトタケルが草原で火に囲まれたとき、この剣で草をなぎ倒すことで助かったという出来事に由来していると、日本書紀本文神話は述べているので、後づけの名称ということになる。さらに日本書紀本文神話には、この剣の元の名称が「天《あま》の叢雲《むらくも》の剣」であったという記述がある。(11)「天の叢雲」とは天空に群がる雲を指しているが、それは激しい雷雨をもたらすような雲なのであろう。ヤマタノヲロチのいる上方には、そのような雲が常に漂っていたので、ヤマタノヲロチの体内から出てきた剣は、そのような名称になったと説明している。

スサノヲはこの剣を手にしたが、前述のように、それが特別な剣であると感じた。そして、古事記神話では、アマテラスにそのことを報告して、剣を献上したとしており、日本書紀本文神話では天つ神に剣を献上したとしている。この「天つ神」というのは、日本書紀本文神話における「天つ神」の初出例であるが、そのあとの用例も合わせて検討してみると、「天つ神」という名称は、天上の神やその子孫を漠然と指している場合と、日本書紀本文神話において「皇祖《みおや》」と位置づけられるタカミムスヒという特定の神を指している場合が考えられるが、アマテラスを単独で指すことはない（もっとも、アマテラスも天上の神の一員なので、天つ神のなかに含まれてはいる)。したがって、アマテラスに剣を献上したとする古事記神話の記述とは異なっていると言えるであろう。この違いは、古事記神話と日本書紀本文神話のあいだに見られる、天皇家につながる皇祖神をどの神と捉えるかという違いと密接に関係していると思われるが、これについては第四章で改めて言及したいと思う。

このように、献上した相手に関する違いはあるけれども、両神話のどちらにおいても、スサノヲが草なぎの剣をアマテラス、あるいは、天つ神に献上しており、自らのものにはしなかったと述べている点では一致しているのである。

それでは、スサノヲが草なぎの剣を献上するということは、なにを意味しているのであろうか。前述のように、「ヤマタノヲロチ」という神名は八つに分岐した尾に内在する精霊ということを意味しており、かつ、古事記神話と日本書紀神話において、他に例を見ないその巨大な姿が、大河のもつ強大な自然の力を表象していると考えられる。とするならば、その尾から出てきた草なぎの剣は、ヤマタノヲロチが象徴しているその力を結実させたものであると言えるであろう。スサノヲがヤマタノヲロチを退治したことで、その力はヤマタノヲロチという存在から解放されたのである。そして、この剣を所有する者こそ、その力を獲得した者、ひいては地上の支配者となるのである。

スサノヲはこの剣を自らの力で手中にしながら、それをアマテラス、あるいは、天つ神に献上したのであった。そのことは、スサノヲが地上の支配者とはなりえないということを端的に意味しているであろう。そして、スサノヲの位置づけ自体は大きく異なってはいるが、それにもかかわらず、スサノヲという神を介在させて、地上を支配する力が天上へともたらされたとする構想が、古事記神話と日本書紀本文神話の両方に存在しているのである。

スサノヲの宮が意味するもの

スサノヲはヤマタノヲロチを退治したあと、宮を建設するための場所を探し求める。そして、古事記神話では「須賀」、日本書紀本文神話では「清地《すが》」と呼ばれる場所に至って、心が清々しくなったと語り、そこに宮を建てることに決めた。

そもそも、この宮を建てようとしたのは、スサノヲが助けたクシナダヒメと結婚生活をおこなうためであったと思われる。日本書紀本文神話では「婚せむ処《みあはし》」とある。古事記神話ではそのことが必ずしも明示されていないが、宮を建てたときに、妻を大切にしようという趣旨の和歌をスサノヲが詠んでいることから、同様であったと考えられるのである。

ただし、単に結婚生活をおこなうだけの場所であるかと言うと、そうではないように思われる。というのも、この宮には、「首《おびと》」（「つかさ」と読ませることもできる）というものが任命されているからである。(12)「首」とはなんらかの組織において頂点に立ち、全体を統括している者を意味すると思われるから、宮の首というのは宮の最高責任者のようなものであろう。単に結婚生活をおこなうだけの場所であるならば、そのような者を任命するのは不自然と思われるのである。そして、宮の首にだれを任命したかという点については、古事記神話と日本書紀本文神話のあいだに違いが存在している。古事記神話ではクシナダヒメの父であるアシナヅチとなっており、日本書紀本文神話ではクシナダヒメの父母であるアシナヅチとテナヅチとなっている。

さらに不自然と思われるのは、スサノヲが宮の首を任命した際に名前を授けていることである。名を授ける者と授けられる者には明らかに主従関係が見て取れるわけで、宮を建てたスサノヲが自らの義父もしくは義父母にあたる者に対して、名前を授けて、自らの従者としているのである。そして、注目されるのがその授けられた名で、古事記神話では「イナダノミヤヌシスガノヤツミミ」、日本書紀本文神話では「イナダノミヤヌシ」となっている。[13] 両者に共通する「イナダノミヤ（稲田宮）」というのが、スサノヲが建てた宮に一致することは明らかであり、クシナダヒメ（すなわち、奇し稲田）と結婚生活をおこなうために建てた宮の首に、クシナダヒメの親を任命し、その親に「イナダノミヤ」と冠した名を授けたのであった。これらはすべて稲田と深い接点をもっている。

それでは、スサノヲが建てたこの稲田の宮はどのような意味をもっているのであろうか。スサノヲは暴風雨の神として、水の供給に関わる神であり、古事記神話の記述によれば、このスサノヲがオホゲツヒメを殺害することで稲種などが生まれ、スサノヲはおそらくそれを携えて出雲にやってきた。そして、クシナダヒメ、すなわち、稲田の神と結婚生活をおこなうために稲田の宮を建てたのである。古事記神話と日本書紀本文神話のどちらも、その宮でクシナダヒメを大切に守るという歌をスサノヲが詠んだと記述している。これは結婚生活について語る話であるが、単にそれだけの意味ではないであろう。ある事物に対応する神がその事物自体を表しうるというのは、日本神話（特に古事記神話）に顕著に見られる表現方法[14]である点を考慮するならば、クシナダヒメは稲を実らせる田を象徴していると理解できるのであり、その田を守る宮とは結局、水田耕作を中心とする農耕社会が地上に成り立ったということを意味しているのではないかと思われるのである[15]。

スサノヲはそれを成り立たせた立役者ではあるが、古事記神話、日本書紀本文神話のどちらにおいても、イザナキ（日本書紀本文神話ではイザナキとイザナミ）の命令によって、根の堅州《かたす》国、または、根の国に向かうべき存在であった。それゆえ、この宮の運営をクシナダヒメと密接に関係する者――すなわち、稲田に精通した者――に任せたというように理解することができるであろう。

二　オホナムヂへの言及をめぐって

スサノヲとオホナムヂの系譜関係

スサノヲが宮を建てたあとの記述については、古事記神話と日本書紀本文神話で大きく異なっている。古事記神話では、スサノヲとクシナダヒメのあいだに生まれた子をはじめとして、スサノヲの子孫の系譜についてかなり詳細に言及し、それが最終的に「オホクニヌシ」（オホナムヂがのちにそう呼ばれる）に収斂されるような記述になっている。そこには、スサノヲが根の堅州国に赴いたという記述はなく、その系譜の直後に続くオホナムヂに関する話のなかで、スサノヲが根の堅州国に住んでいることが示されていることから、スサノヲが根の堅州国に移動したということが推測されるだけである

（ただし、スサノヲが宮を建てた場所が根の堅州国であるという可能性がまったくないわけではない）。これに対して、日本書紀本文神話では、クシイナダヒメとのあいだに生まれた子がオホナムヂ（日本書紀神話では常に「オホアナムチ」と表記されるが、以下では便宜上、古事記神話の表記で統一する）であるとして、スサノヲが建てた宮を「吾が児《みこ》の宮」と述べている。そして、その宮の管理をアシナヅチとテナヅチに任せて、スサノヲは根の国に赴いたという記述になっている。

このように、両神話では記述が大きく異なっているのであるが、以下では、特にスサノヲとオホナムヂの系譜関係について検討しておきたい。

まずは古事記神話に見られる記述であるが、オホクニヌシに至るまでの系譜はつぎのように示されている（丸囲み数字は、スサノヲの何世孫であるかを表している）。

スサノヲ ― ①ヤシマジヌミ ― ②フハノモヂクヌスヌ ― ③フカブチノミヅヤレハナ ―
④オミヅヌ ― ⑤アマノフユキヌ ― ⑥オホクニヌシ（オホナムヂ）

神名の意味については、大地や水に関係するものもあり、国土の成り立ちと関係しているようであるが、不明な点も多く、この系譜がなにを意味するのか、はっきりとは見定めがたい。ここで注目されるのは、オホナムヂがスサノヲの六世孫と位置づけられている点である。したがって、オホナムヂは一応、スサノヲの子孫ということになるが、かなり隔たった関係として位置づけられていると言えるであろう(16)。事実、古事記神話では、根の堅州国に逃げてきたオホナムヂにスサノヲが会ったとき、自分の子孫として親しく接している形跡はまったくないのである。

これに対して、日本書紀本文神話では、スサノヲの子孫に関する詳細な系譜は示されておらず、かなり簡素な記述になっている。前述のように、オホナムヂがスサノヲの子であると位置づけられており、六世孫とする古事記神話とは大きく異なっている。

さらに日本書紀別伝神話の記述に目を向けてみると、内容に多様性が見られる。すなわち、一つの神話（第八段の第一書）では、オホクニヌシが、スサノヲの子であるスガノユヤマヌシミナサモルヒコヤシマシノの五世孫であると言う。[17] したがって、スサノヲの六世孫ということになり、古事記神話の記述に一致するが、別の神話（第八段の第二書）では、スサノヲの子の六世孫がオホナムヂであるとする。したがって、この場合にはスサノヲの七世孫ということになるであろう。

以上のように、日本書紀本文神話だけがスサノヲとオホナムヂを親子とするのに対して、系譜が示されているそれ以外の神話では、スサノヲとオホナムヂをかなり隔たった関係として捉えている。この違いは、スサノヲをどのように捉えるかという違いとつながっているように思われる。

「オホナムヂ」とその異名①

日本神話には複数の名前をもつ神が登場する場合がある。たとえば古事記神話では、ヒノヤギハヤヲに「ヒノカカビコ」や「ヒノカグツチ」という異名、キマタに「ミヰ」という異名があげられており、日本書紀本文神話では、アマテラスに「オホヒルメノムチ」や「アマテラスオホヒルメ」という異名、シタテルヒメに「タカヒメ」や「ワカクニタマ」という異名があげられている。[18] 複数の異名をもつ神もいるが、数の多さという点でオホナムヂを超える神はいない。オホナムヂは古事記神話では四つの異名、日本書紀別伝神話（第八段の第六書）では実に六つの異名をもっている。これに対して、日本書紀本文神話では「オホアナムチ」という名前だけで記述されており、古事記神話でオホナムヂの異名としてあげられる「ウツシクニタマ」も、別の神として位置づけられている。

異名がなぜ存在しているのかについては、様々な説明が可能と思われるが、神名の一つ一つに意味があり、その意味を担う神が神話のなかで、それ相応の理由があって登場していると仮定するならば、異名は、異なる神話のなかに登場している別々の神を、一つにつなぎ合わせる操作の結果によって生じたと捉えることができるであろう。そのような考え方が妥当であるならば、日本神話——特に古事記神話——でもっとも多くの異名をもつオホナムヂは、様々な神話に登場する神を結集させた存在と考えられるのであり、当然のことながら、そのような形で表された神は、日本神話において特別な神として見なされていると考えてよいであろう。

以下では、「オホナムヂ」という神名と、異名としてあげられている神名について、順に検討することにしよう。なお、実際の古事記神話や日本書紀別伝神話にある神話では、「オホクニヌシ」という神名が最初にあって、それ以外の異名が付加される形になっているが、後述するように、日本書紀本文神話に「オホクニヌシ」という神名はまったく登場していない。そのことを考慮して、本書では多数の異名をもつ神をオホクニヌシではなく、オホナムヂで代表させることにしたい。

第一は「オホナムヂ」（漢字表記は「大穴牟遅」）である。この神名は古事記神話と日本書紀本文神話の両方に登場している。ただし、日本書紀本文神話では「オホアナムチ」（漢字表記は「大己貴」）という神名になっている。「オホ」は大きいこと、「ムヂ（ムチ）」は貴人を表していると考えられるが、この神名に含まれる「ナ（アナ）」をどう理解するかが問題である。のちにオホクニヌシとなるオホナムヂを国土開拓の神と捉えて、この「ナ（アナ）」が土地を表しているとする解釈が知られているが、「ナ（アナ）」を穴、特に鉱穴《こうけつ》と理解して、鉄に関わる神として捉える解釈もある。(19)

第二は「アシハラノシコヲ」（漢字表記は「葦原色許男」）である。この神名は古事記神話に見られ、日本書紀本文神話に見られず、日本書紀別伝神話に見られる（漢字表記は「葦原醜男」）。「アシハラ」は葦原の中つ国を、「シコヲ」は醜い男を意味すると考えられる。古事記神話において、異名の紹介以外ではスサノヲやカムムスヒがオホナムヂをそう呼んでいて、スサノヲの場合、娘のスセリビメがオホナムヂの容姿を誉めたのに対して、それを面白くなく思って、「葦原の中つ国にいる醜い男だ」と扱《こ》き下ろしているように思われる。カムムスヒの場合、地上の国作りをする者をそう呼んでいて、特に否定的な意味合いはないように思われる。このアシハラノシコヲは、黄泉つ国にいるヨモツシコメと対応していて、ヨモツシコメが黄泉つ国における鬼と捉えられるように、アシハラノシコヲも葦原の中つ国における鬼と捉えられるという指摘がある。(20)この指摘にもとづくならば、「アシハラノシコヲ」という神名は、オホナムヂがのちにオホクニヌシとなり、地上において「道速《ちはや》振る荒振る国つ神」の頭目として位置づけられているという点を強く意識したものと言えるであろう。

「オホナムヂ」とその異名②

第三は「ヤチホコ」である。この神名は古事記神話に見られるが、日本書紀本文神話に見られず、日本書紀別伝神話に見られる。「ヤチ（八千）」とは数が多いことを、「ホコ」は武器としての矛を指していると考えられる。したがって、たくさんの矛という意味になる。この神名には、国土を治めるため、武器を用いて各地を平定していったことが反映されているのであろう。古事記神話では、ヤチホコに関わるものとして、高志の国にいるヌナカハヒメの許《もと》を訪ねた話や、大和へ旅立とうとするヤチホコが、嫉妬する妻スセリビメと歌を交わした話が登場する。どちらも、この神が各地を巡行したことに関わる話と考えられるであろう。

第四は「オホクニヌシ」である。この神名も同様に、古事記神話に見られるが、日本書紀本文神話に見られず、日本書紀別伝神話に見られる。前述のように、古事記神話や日本書紀別伝神話の記述を見るかぎり、本来はこの「オホクニヌシ」という神名こそ、この神を代表すべきものと思われるのであるが、日本書紀本文神話でこの神名が認められていないという事実は十分注意されてよいであろう。この神名は、スサノヲがオホナムヂにそのような存在になれと贈ったものである。「オホクニヌシ」は「オホクニ」と「ヌシ」ではなく、「オホ」と「クニヌシ」に区切るべきで、国という各地を支配するクニヌシたちを束ね、全体を支配している神を表しているものと思われる。

第五は「ウツシクニタマ」である。この神名も同様に、古事記神話に見られるが、日本書紀本文神話に見られず、日本書紀別伝神話に見られる。「オホクニヌシ」という神名と同様に、スサノヲがそのような存在になれと贈ったものである。「ウツシクニ」[21]とは目の前に顕在している国で、この場合の顕在とは、現に生きている人間の目に見えるものなので、高天原《たかあまはら》などは含まれてはいないであろう。「タマ」は霊的な存在で、「クニタマ」という場合、大地そのものと同一視される霊的な存在を指している。したがって、この神名はこの地上と同一視される霊的な存在、あるいは、地上の支配に関わる霊的な存在と理解してよいであろう。そのような点から、「ウツシクニタマ」という神名は、「オホクニヌシ」という神名とも意味的に重なるように思われるが、この神名が「オホクニヌシ」と併記して贈られたものである以上、この二つの神名には明確に区別されるような意味的な違いがある可能性も考えられる。古事記神話や日本書紀別伝神話では単に列挙しているだけなので、その違いははっきりとはわからないのであるが、オホナムヂとその異名のあいだに発展段階のようなものを想定して、「オホクニヌシ」から「ウツシクニタマ」への発展に祭祀が関わっているとする指摘もある。[22]その妥当性については、十分に検討すべきであろう。

以上が「オホナムヂ」とその異名としてあげられている神名である。日本書紀別伝神話では、さらに二つの異名（「オホモノヌシ」と「オホクニタマ」）があげられているが、ここでは古事記神話と日本書紀本文神話の違いに注目しているので、それらの異名についての検討は省略したい。

前述のように、異名がこれほど多くあげられているというのは他に例のないことであり、しかも、登場するほとんどの神名が地上の支配に関わる意味を伴っている。したがって、古事記神話において、オホナムヂが地上を支配する特別な神として捉えられていることは疑いようのない事実と言えるであろう。一方、別伝神話という形で、そのような異名をあげておきながら、あえて本文神話でそれに言及しないということは、『日本書紀』の編纂者が、オホナムヂのそのようなイメージを意図的に払拭しようとしていたのではないかと考えられる。日本書紀本文神話はオホナムヂに対して、極めて冷淡な記述に終始しているのである。その点については後述することにしたい。

古事記神話のオホナムヂ①

「オホナムヂ」とその異名としてあげられている神に関する記述を合わせるならば、古事記神話において、オホナムヂこそ最も多くの記述がなされている神であることに間違いないであろう。これに対して、日本書紀本文神話におけるオホナムヂの記述は圧倒的に少ないのである。そこで、古事記神話にあって、日本書紀本文神話にはないという、オホナムヂに関する記述がどのようなものであるのかを示しておきたい。本項では、オホナムヂが国作りをする神になるまでの苦難と成長の記述について、直後の項では、オホナムヂによる国作りの記述について説明することにしよう。

オホナムヂは当初、八十神《やそ》を兄たちとする末っ子として、従者のような低い扱いをされていた。あるとき、八十神がヤカミヒメという美女に求婚しようと出かけていると、毛をむしられ、傷ついたウサギに遭遇した。八十神は誤った治療法を教えて、このウサギをさらに苦しめたが、オホナムヂは適切な治療法を教えて、傷を癒させた。この話は一見、意地悪な八十神と心優しいオホナムヂという対比で捉えられがちであるが、医術、特に「巫医《ふい》」と呼ばれる呪術的な医術に精通していることは、支配者になる重要な条件と見なしうる。したがって、この記述では、オホナムヂが支配者にふさわしい存在であることが示されていると考えることができるのである。

助けられたウサギの、「あなた様が（ヤカミヒメを）手に入れるでしょう」という発言によって、オホナムヂは八十神を差し置き、ヤカミヒメと結婚することになる。そうなる理由は明示されていないが、推測するならば、第一には、ウサギの発言に言霊が宿っていて、発言のとおりに、実際もそうなったという可能性が考えられるであろう。第二には、このウサギが神の使い、あるいは、神そのもので、ヤカミヒメはその神に仕える巫女であったと推測され、自らの使い、あるいは、自らを助けてくれたお礼として、巫女をオホナムヂに与えたという可能性も考えられるであろう。

その結果、オホナムヂはヤカミヒメと結婚することになるが、それが八十神の怒りを買って、命を狙われることになる。一度目は燃え盛る巨石が直撃して焼死させられた。その際、泣き悲しんだオホナムヂの母親に頼まれて、高天原にいるカムムスヒが娘であるキサカヒヒメとウムカヒヒメを送り、オホナムヂを蘇らせた。二度目は、大木にできた空洞に誘《おび》き寄せられ、その空洞が閉じて圧迫死させられた。このときも一度目と同様に、母親がカムムスヒに頼んで蘇らせたのであろう。しかし、常に蘇るというわけではなく、このままでは本当に死んでしまうということで、スサノヲのいる根の堅州国に行くよう助言されるのである。(23)

根の堅州国に赴いたオホナムヂは、スサノヲの娘であるスセリビメを一目見るなり、心を通い合わせ、妻とした。一方、スサノヲはオホナムヂを匿《かくま》うどころか、試練を与えるが、それはけっしてオホナムヂを苦しめるものではなく、支配者の器であるのか試しているかのようであった。その試練は、蛇のいる部屋、ムカデとハチのいる部屋に一晩ずつ閉じ込めておくもの、草原に放った矢を取りに行かせ、火で囲んでしまうもの、スサノヲの頭に巣くうムカデを取り除かせるものである。その都度、スセリビメなどの助けにより、オホナムヂはそれらの試練を乗り越えることができた。

スサノヲはつい気を許して眠ってしまうが、その隙を衝いて、オホナムヂはスサノヲの宝である生《いく》太刀《たち》、生弓矢、天の沼琴《ぬこと》(24)を奪い、スサノヲの分身に等しいスセリビメと駆け落ちする。それに気づいたスサノヲは追いかけようとするが、もはや追いつけないと観念して、「オホクニヌシ」と「ウツシクニタマ」という名をオホナムヂに贈って、見送った。そして、オホナムヂはそれらの宝を用いて八十神を征伐し、国作りをする神へと成長していったのである。

古事記神話のオホナムヂ②

古事記神話では、オホナムヂによる根の堅州国往還のあと、ヌナカハヒメ、スセリビメという二《ふた》柱《はしら》の女神と歌のやりとりをおこなう記述が展開する。この記述に六回登場する神名のなかで、その五回は「ヤチホコ」（残り一回は、「ヤチホコ」を言い換える形で「オホクニヌシ」という神名が登場する）となっており、ヤチホコの神に関わる神話と捉えることができるであろう。

その神話は、高志の国にいるヌナカハヒメという女神を妻にしようとする話と、大和の国に出かけて、ほかの女性と出逢うであろうヤチホコに、妻のスセリビメが嫉妬するという話からなっており、一見、国作りとは無関係なように思われるが、どちらも出雲から遠く離れた場所に出かけた際の話であり、前述のように、「ヤチホコ」、すなわち、たくさんの矛という神名から考えて、国土を支配するために、武器を用いて各地を巡行したことが前提になっていると思われる。

そのあと、オホナムヂの子孫についての系譜が示され（これについては、本章の第三節で改めて扱いたい）、それに続くのが、オホナムヂの国作りに協力するスクナビコナの記述である。その記述の大半はスクナビコナの正体を明かす記述に割かれているが、スクナビコナがカムムスヒの子と位置づけられている点が注目される。カムムスヒがスクナビコナを遣わしたわけではないが、結局、カムムスヒによって、スクナビコナがオホナムヂに協力するために現れたことが示されており[25]、オホナムヂの国作りにカムムスヒが関与しているのである。カムムスヒは地上の発展に関わるムスヒの神であると考えられ[26]、このような神が高天原にいるということは、オホナムヂの国作りが事実上、高天原の了解のもとにおこなわれていることを示唆していると思われる。

オホナムヂはこのスクナビコナとともに国作りをおこなったが、スクナビコナはやがて常世の国に去ってしまう。異形の神として表されているように、スクナビコナは異界からやって来た来訪神であったと考えられる。来訪神であったため、訪れた先に幸いを与えるが、そこに長くとどまることはせず、再び元の世界に帰っていったと考えられるであろう。

古事記神話の記述では一見、オホナムヂの国作りの途中にスクナビコナが去ったような印象を受けるが、スクナビコナが来訪神ならば、それでは幸いをもたらしたことにならないであろうし、カムムスヒの発言とも矛盾するであろう。この点をどう考えるか。一つの可能性として、スクナビコナの協力によって、国作りの一つの段階が完了したと考えることもできるであろう。その段階とは、全国をめぐって、各地の有力者を自らの支配下に置くというものである。

オホナムヂは単独で国作りをすることに不安を覚えるが、そのとき、ある神が海を照らしながら、近づいてきた。そして、わたしを「大和の青垣の東の山（御諸《みもろ》山、すなわち、三輪山のこと）のうえで祭れば、ともに国作りをおこなおう」と述べた。神名は明示されていないが、三輪山で祭られているのはオホモノヌシであり、この神は国家を守護する神として古くから信仰されてきた。オホナムヂはこの神を祭り、そのご加護で国作りをおこなおうとしたのである。ここまでで国作りの記述は終わりとなるので、これによって、オホナムヂの国作りは完成をみたことになるのであろう。

以上のように、オホナムヂによる国作りについて説明した。それは様々な神の協力によって成し遂げられていると言える。国作りの具体的な記述はほとんど見られないが、おそらくは全国をめぐって、「クニヌシ」という各地の有力者を自らの支配下に置き、さらに国家を守護する神のご加護を背景にして、国土全体を支配したということが考えられているのであろう。このように、オホナムヂは名実ともに「オホクニヌシ」となってゆくのである。

日本書紀神話のオホナムヂ

古事記神話では、様々な異名を織り交ぜながら、オホナムヂに関する詳細な記述が展開されているのであるが、日本書紀神話の場合はどうであろうか。

まずは日本書紀本文神話の記述について説明しておきたい。オホナムヂに関する記述は第八段と第九段の二箇所に見られる。

第八段はスサノヲによるヤマタノヲロチの退治を記述している。ヤマタノヲロチを退治したあと、スサノヲは清地（古事記神話の「須賀」に相当する）に宮を建てるが、やがてその宮を子に譲って、自らは根の国に向かう。その子がオホナムヂである。つまり、古事記神話ではスサノヲの六世孫と位置づけられているオホナムヂが、日本書紀本文神話ではスサノヲの子と位置づけられているのである。そのあと、オホナムヂに関する具体的な描写はなにもない。

第九段は、天つ神が葦原の中つ国にいる神に国譲りを迫り、それが実現したあと、ホノニニギが天降りし、地上で亡くなるまでを記述している。ここでは、オホナムヂに対するいくつかの言及が見られるが、それは三つにまとめられるであろう(27)。第一は、最初の使者として地上に遣わされたアマノホヒがオホナムヂに媚び諂《へつら》ってしまったという部分、第二は、最後の使者として地上に遣わされたフツヌシとタケミカヅチノヲが(28)、オホナムヂと国譲りの交渉をおこなっているという部分、第三は、天つ神に対する恭順の印として、オホナムヂが国作りで用いた広矛《ひろほこ》を献上し、隠れてしまったという部分である。それらの記述に濃淡はあるものの、オホナムヂを葦原の中つ国の実質的な支配者として捉えていることは明らかであろう。

このように、日本書紀本文神話も古事記神話と同様に、オホナムヂが葦原の中つ国を実質的に支配しているとは認めているが、オホナムヂの苦難や成長、そのあとの国作りについてはまったく言及することなく、漠然と地上の支配者という形で登場させているにすぎない。古事記神話とは対照的に、オホナムヂに関する記述を最小限に留めようとしているという印象さえ受けるのである。

つぎに日本書紀別伝神話の記述について説明したい。第八段の第一書と第二書には、スサノヲからオホナムヂに至るまでの系譜が述べられている。それらの神話では、オホナムヂがスサノヲの六世孫か七世孫と示されており、古事記神話の記述に近い。また、このような記述が存在していることから、オホナムヂの登場を特別なものとして位置づけていることが窺えるであろう。

そして、特に注目されるのが同段の第六書の記述である。その記述には、古事記神話でも説かれているスクナビコナとの国作り、および、三諸山《みもろ》（古事記神話の御諸山に相当する）の神との接触という話が登場している。スクナビコナとの国作りでは、その内容が具体的に示されており、古事記神話よりもかなり詳細な記述になっている。(29) また、三諸山の神については、古事記神話とは異なり、その正体がオホナムヂの幸魂《さきみたま》、奇魂《くしみたま》であることが示されている。(30)

以上のように、日本書紀神話におけるオホナムヂに関する記述について説明した。本文神話では、オホナムヂが葦原の中つ国を実質的に支配している存在であることを認めながらも、その活躍を示すような記述をあえて取り上げようとしないのに対して、別伝神話では、古事記神話と同様に、オホナムヂを特別な存在として捉えたり、その国作りについて具体的に言及したりする神話も見られる。ただし、前述のような稲羽の素兎《しろうさぎ》の話、根の堅州国往還の話など、古事記神話で大きく展開されるオホナムヂ神話に比べると、小規模なものと言わざるをえないであろう。本文神話、別伝神話を問わず、日本書紀神話において、オホナムヂは主役とは成りえない存在であったと言えるのである。

三　出雲の神話の位置づけをめぐって

出雲の神の系譜

出雲の神話においては、スサノヲやオホナムヂのような、天つ神とは異なる神についての系譜が記されている場合がある。これは主として古事記神話に見られるものであり、日本書紀本文神話ではまったく見られず、日本書紀別伝神話でも、スサノヲからオホナムヂまでの系譜がごく簡単に記述されているにすぎない。その意味で、このような系譜の明示は古事記神話に著しい特色と考えてよいであろう。その系譜の内容をすべて網羅して示そうとすると煩雑になるので、ここでは、その系譜がどのようなものであるのかという概要を示すだけにとどめたいと思う。そして、そのあとで、そのような記述が見られることの意味について考察することにしよう。

古事記神話における出雲の神話の記述には、数え方にもよるが、三つの系譜があると言える。第一の系譜はスサノヲからオホクニヌシに至るまでの系譜であり、スサノヲがだれと結婚して、どういう子どもが生まれたかが示され、それがオホクニヌシ、すなわち、オホナムヂに至るまで続くという形になっている。スサノヲとオホナムヂのつながりに関するものであれば、日本書紀別伝神話（第八段の第一書、第二書）にも見られるが、この二神のあいだにいる神をほとんど省略していて、系譜とは言いがたいものである。第二の系譜はオホクニヌシの末裔《まつえい》に関する系譜であり、第一の系譜と同様に、結婚相手や生まれた子どもが示されている。なお、古事記神話では第一の系譜と第二の系譜を一続きの系譜と捉えているようで、それにもとづいて、スサノヲの子であるヤシマジヌミからトホツヤマサキタラシまでの神を「十七世《とをよあまりななよ》の神」と称している。(31)ただし、第一の系譜と第二の系譜のあいだには、稲羽の素兎の話やオホナムヂの根の堅州国往還の話など、多くの話が挿入されており、形として一続きの系譜とは捉えにくい面がある。第三の系譜は、スサノヲの子であるオホトシの末裔と、オホトシの子であるハヤマトの末裔に関する系譜である。これはオホトシの子とハヤマトの子が示されるだけのもので、何代にも及ぶような系譜にはなっていない。

以上のような系譜が、古事記神話だけに詳細に示されているのであるが、このような系譜が示されている意味をどのように考えるべきであろうか。

通常、日本神話において「系譜」と言えば、天つ神から初代天皇となるカムヤマトイハレビコに至るまでの系譜がまず想起されるであろう。それは、はっきりした系図という形で示されているわけではないが、古事記神話、日本書紀神話のどちらにおいても、事実上、その系譜をたどるという形で物語が進行してゆくのである。日本書紀本文神話はそれを唯一の系譜として物語を展開させてゆくのであるが、古事記神話はそこに出雲の神の系譜を加えているのである。

この事実をどう捉えるかについてはいくつかの可能性が考えられるが、系譜にもとづく形で天つ神の由来や権威を示す伝統が脈々と続いているように、出雲の神にもそれと同様の伝統が息づいていることを示そうとしていると考えられるのではないであろうか。日本書紀本文神話からすれば、天つ神以外の神は特筆する必要もない神ということになるのかもしれないが、古事記神話は、出雲の神の営みをもしっかり見すえようとしており、それがオホナムヂを中心とする神の系譜によって語られていると考えられる。もちろん、天つ神とまったく対等というわけにはゆかないであろうが、古事記神話には出雲の神に対する強い親近感のようなものを見いだすことができるのである。

オホナムヂの扱いに関する違い

古事記神話と日本書紀本文神話のあいだに見られるオホナムヂに関する記述の違いについて、これまで言及してきたが、本項ではそれらの内容を前提にして、オホナムヂという神に対する両神話の扱い方の違いと、そこから見てとれる両神話の構想の違いについて考察してみたい。

両神話とも、オホナムヂが地上を実質的に支配している神であると認めている点は疑いようがないであろう。しかし、その地上の実質的な支配者であるオホナムヂの描き方については、両神話において大きな違いが見られる。すなわち、古事記神話では、オホナムヂが様々な苦難を乗り越えて、オホクニヌシとなってゆく過程が詳細に描かれており、異名という形で登場している神話群を一つのものとして考えるならば、古事記神話において、もっとも多くの記述がなされている神はオホナムヂなのである。これに対して、日本書紀本文神話では、オホナムヂに対する言及は極めて少ないと言えるであろう。神話の主軸はもっぱら天つ神の方に置かれ、オホナムヂは、その正体も窺い知れない影のような存在として扱われている。また、日本書紀別伝神話には、古事記神話に通じるような、オホナムヂが活躍する話が一部の神話に見られるが、そのことは、『日本書紀』の編纂者が、国土開拓神としてのオホナムヂの活躍を伝える神話の存在を知っていながら、それを正式の神話にあえて取り入れようとはしなかったということを同時に示しているのである。

それでは、両神話においてなぜそのような違いが見られるのであろうか。一番単純な理由としては、日本書紀本文神話に顕著に見られる神話編纂の簡素化ということが考えられるであろう。日本書紀本文神話は天上の発展過程、神生み、黄泉つ国往還などの記述を省いて、できるだけ簡素な神話編纂を意図しているように思われるのである。結局のところ、日本書紀本文神話にとって重要なのは、天つ神の子孫がしかるべき理由によって、地上の統治者である天皇になったという一点なのであり、このような編纂の立場からすれば、天つ神に対立する国つ神の頂点に立つオホナムヂについては、記述を徹底的に簡素化しようとしたということが考えられるのである。

しかし、そのような理由だけでは、一方の古事記神話がこれほどまでオホナムヂの記述に分量を割いているということは説明できないように思う。そこで、もう一つの理由として考えられるのが、古事記神話では、天つ神と、オホナムヂを中心とする国つ神をできるだけ対等な形で扱おうとしているのではないかということである。直前の項で触れた出雲の神に関する系譜の存在は、そのような意図のもとに捉えることができるのであり、オホナムヂの活躍を示す記述についても、神話の主役はけっして天つ神だけではないのである、ということを示しているように思われるのである。

古事記神話と日本書紀別伝神話で用いられるが、日本書紀本文神話では用いられていない「オホクニヌシ」という神名は、「クニ」という各地を治めているクニヌシの代表を意味していると考えてよいであろう。そのようなクニヌシの代表を、地上の本来的な統治者と位置づけられる天つ神（厳密に言えば、天つ神の御子）と対等に扱おうとするというのであれば、それは政治構想的に言えば、唯一の王権による国土支配という中央集権的な政治体制に対して、中央の王権と地方の支配者の共存による国土支配という、地方分権的な政治体制ともつながってくるであろう。

当然のことながら、政治体制の在り方というのも、あらゆるものの起源を問う神話の領域に含まれているのであって、これまで見てきたような出雲の神話、特にオホナムヂの神話に関する取り扱い方の違いは、古事記神話と日本書紀本文神話のあいだにある政治的な志向性、あるいは、理想としている国家像に関する構想の違いと通底しているところがあるように思われるのである。

第四章　天降りの神話

本章では、天つ神の子孫が葦原の中つ国の統治者と宣言されることから始まり、オホナムヂを代表とする国つ神に対して国譲りを迫る交渉を経て、最終的に天つ神の子孫が地上に天降りするまでの神話を「天降りの神話」と捉えて、主だった違いに注目しながら、古事記神話と日本書紀本文神話の記述を比較検討することにしたい。

一　天降りの経緯をめぐって

アマテラスとタカミムスヒ

天降りの神話を扱ううえで看過できない大きな問題がある。それは、古事記神話と日本書紀本文神話において、高天原《たかあまはら》(1)で司令を出す神（以下では、「司令神」と呼ぶことにする）が異なっていることである。その司令神を古事記神話ではアマテラスか、アマテラスとタカミムスの共同としているが、日本書紀本文神話ではタカミムスヒとしていて、アマテラスはまったく関与していないのである。このように、高天原の司令神が異なっていることは大きな問題と言わざるをえないであろう。

なお、日本書紀別伝神話の記述をみると、天つ神による地上介入に関する記述がある第九段の四つの神話（第一書、第二書、第四書、第六書）のなかで、第一書だけが司令神をアマテラスとしている（ただし、タカミムスヒを想起させる「天つ神」という匿名の神がそれに協力している）のに対して、残る三つの神話ではすべてタカミムスヒとなっていて、アマテラスは関与していない。このような事実から、高天原の司令神をだれとするかという点に関して、アマテラス（あるいは、それにタカムムスヒのような天つ神がそれに協力する）とするもの、タカミムスヒとし、アマテラスがまったく関与していないものという二種類の神話があり、古事記神話は前者の神話にもとづいていると言えるであろう。当然、日本書紀本文神話は後の神話にもとづいているということになる。

高天原の司令神がだれなのかという問題は、結局のところ、高天原の統治者がだれなのかという問題とも結びついている。アマテラスが誕生したとき、イザナキはこの神を高天原に送った。古事記神話ではアマテラスが高天原の統治を任されているが、日本書紀本文神話では、アマテラスに続いてツクヨミも天上《あめ》に送ったとき、「日に配《なら》べて治《し》らすべし」と命じているので、アマテラスが高天原の統治に関係していることがわかるのである。しかし、アマテラスが送られる以前にも、高天原は世界として存在していたわけで、当然、そこを統治する神が存在していたはずであろう。古事記神話ではそれを、高天原形成の過程で現れ、その発展を意図するムスヒの神として捉えられるタカミムスヒと考えていたと思われる。これに対して、日本書紀本文神話では、神話の原初においてタカミムスヒの存在について言及することはない。タカミムスヒがはじめて登場するのは、前述（本書九頁）のように、全十一段のなかの第九段であり、しかも、なんの説明もなく、突如現れるのである。

このように、高天原の司令神をめぐる問題は、高天原の統治者がだれなのかという問題とも結びついて、根深いものがあるように思われる。その点を考慮して、本章における以下の考察においては、アマテラスとタカミムスヒに関わる記述について特に注視してゆきたい。

オホナムヂの国作りと天つ神の介入

古事記神話と日本書紀本文神話のどちらにおいても、出雲を舞台にしていた物語から、葦原の中つ国に介入しようとする天つ神の行動開始という物語へと、一挙に変化を遂げることになる。ただし、この点に関して、両神話に大きな違いが見られるように思われる。古事記神話ではオホナムヂによる国作りを経て、それを承ける形で天つ神による介入が開始されるのに対して、日本書紀本文神話ではそのような形になっていないのである。

まず古事記神話の記述に関して言うと、第一章第五節の「葦原の中つ国の統治②」という項で述べたように、イザナキが葦原の中つ国の統治者を定めなかった理由として、その世界がまだ統治できるような状態ではなかったということをあげた。そして、端的に言えば、出雲の神話で展開される物語は、その世界を統治できるようなものに変えていった過程を描いていると捉えることができるのである。すなわち、第三章第一節の「スサノヲの宮が意味するもの」、同章第二節の「古事記神話のオホナムヂ②」という項で述べたように、スサノヲは葦原の中つ国に、水田耕作を中心とする農耕社会を成り立たせたのであり、オホナムヂはそれを承け、全国をめぐって、各地の有力者を支配下に置き、さらに国家を守護する神のご加護を背景に国政を司った。この二柱《ふたはしら》の神の活躍によって、葦原の中つ国は名実ともに統治しうるような国になったのである。したがって、古事記神話においては、その過程を説かなければ、天つ神の子孫が葦原の中つ国の統治者となってゆくという、つぎの段階に進むことができなかったのではないかと考えられるのである。

これに対して、日本書紀本文神話の記述は実に淡泊である。出雲に宮を立てたスサノヲは、子であるオホナムヂに後事を託して、根の国に去っていった。そして、その直後に天つ神による葦原の中つ国介入という行動が開始されるのである。日本書紀本文神話においても、イザナキが葦原の中つ国の統治者を定めていなかった点については、古事記神話と同様の理由を想定することができるのであるが、古事記神話とは大きく異なり、オホナムヂの国作りについてはなにも語っていない。断片的な記述の端々から、オホナムヂが葦原の中つ国を実質的に支配しているようには窺えるので、当然、世界が統治可能な状態に変わっていったと考えているのであろうが、それがオホナムヂによって成し遂げられたとは明示していない。このような日本書紀本文神話のオホナムヂに対する無関心さ、冷淡さは、単に記述を簡素化したというだけでは説明がつきにくいであろう。

この点をどのように考えるべきであろうか。結局のところ、オホナムヂは、天つ神にとっては対立する国つ神という勢力の代表者なのであり、したがって、日本神話全体において、その存在が際だつ形で記述すると、天つ神の存在が霞んでしまうため、そのような記述を控えたということが考えられるであろうし、また、オホナムヂの活躍について過度に言及すると、オホナムヂと葦原の中つ国の結びつきが強くなり、オホナムヂが作り上げた国を天つ神が不当な形で奪い取ったと受け取られかねないことを危惧していた可能性もある。

ただし、ここで注意しなければならないのは、日本書紀本文神話について指摘した以上の事柄は、古事記神話の記述にもそのままあてはまるということである。日本神話全体において、オホナムヂの活躍と天つ神の権威をどのように両立すべきか、さらにオホナムヂが作り上げた葦原の中つ国を天つ神の子孫が統治するということに、どのような正当性を見いだすか。直前の項と同様に、本章における以下の考察においては、これらの問題に関わる記述についても特に注視してゆきたい。

天降りの命令①

天つ神による葦原の中つ国への介入は、天つ神の子孫をその世界の統治者として天降りさせようとすることから始まるのであるが、この点に関して、古事記神話と日本書紀本文神話のあいだには大きな違いが見られる。本項および直後の項ではこの点を扱うことにする。

まず以下では古事記神話の記述を見てみよう。古事記神話では、葦原の中つ国は我が子であるアマノオシホミミの知らす世界であると、アマテラスが宣言している。この「知らす」という表現は統治することを意味しているが、のちに出てくる、オホナムヂによる支配のことを「うしはく」と表現していることと対比されているという指摘がある。(2) それに従うならば、この宣言は、オホナムヂが実質的に支配している葦原の中つ国が、本来的にはアマノオシホミミの統治すべき場所なのである、ということを意味することになるであろう。

そして、この宣言は言挙げとして捉えることもできるであろう。言葉には特別な力があり、その力が言葉の「コト」と事象の「コト」を結びつけるという発想を前提に、言葉に表すことによって、まだ実現していない事象を実現させようとするのが言挙げという行為である。葦原の中つ国はオホナムヂによって実質的に支配され、天つ神による統治はまだ実現していない。だからこそ、その事象を変更するために、このような言挙げをおこなったと考えられるのである。

このように、アマノオシホミミによる葦原の中つ国の統治が宣言されるのであるが、ここでは、その統治を正当化する理由は示されていない。しかも、オホナムヂの国作りが完了した直後に、このような宣言がおこなわれるので、かなり唐突な印象を与える。極端に言えば、統治を正当化する理由など示さず、あるいは、元々そのようなものは存在しなくて、オホナムヂの作り上げた葦原の中つ国を横取りするために、介入してきたように受け取られる可能性もあるだろう。しかし、そのような理解は古事記神話の真意から逸れているように思われる。統治を正当化する理由が示されていないのは、その理由がないからではなく、それ以前の神話においてすでに示されているからではないだろうか。そのような視点から、それ以前の神話を眺めてみると、アマノオシホミミの統治を正当化する理由に関連して、つぎのような三つの指摘が可能になるであろう。

第一は、第一章第二節の「国生みの始まり」という項で考察したように、イザナキとイザナミによる国作りが天つ神の命令によっておこなわれたということである。葦原の中つ国の成立そのものが天つ神の意志にもとづいているのである。第二は、スサノヲおよびアマテラスと葦原の中つ国の統治との関係である。スサノヲはヤマタノヲロチを退治し、葦原の中つ国統治の道を切り開いた功労者である。ただし、その世界を統治する力が形になったと思われる草なぎの剣は、アマテラスに献上している。これは、葦原の中つ国の統治権がアマテラスにあることを示しているであろう。第三はアマノオシホミミという神の特異な位置づけである。オホナムヂがスサノヲの六世孫という遠く隔たった子孫（古事記神話ではスサノヲがオホナムヂを自らの子孫として扱っている形跡はない）であるのに対して、アマノオシホミミはスサノヲが生んだ子であり、生まれる際の物実《ものざね》である勾璁《まがたま》がアマテラスのものであったため、最終的にアマテラスの子となった。つまり、アマノオシホミミは系譜上、葦原の中つ国の統治に深く関わるスサノヲとアマテラスにもっとも近い存在と言えるのである。

これらの記述が伏線となって、アマノオシホミミが葦原の中つ国を統治する本来的な存在であることが示されていると考えられるのである。このような理解が妥当であるとすれば、統治の準備が整った今、アマテラスの宣言はなすべくしてなされたと捉えられるであろう。

天降りの命令②

これに対して、日本書紀本文神話において葦原の中つ国の統治者と指名されるのはホノニニギであって、アマノオシホミミはその父であるという位置づけがなされているにすぎない。また、アマテラスの名は出てくるが、天降りに関わる形で活躍することはなく、単にアマノオシホミミの親であることが示されているだけなのである。

このホノニニギの母は、タカミムスヒの娘タクハタチヂヒメ（古事記神話のヨロヅハタトヨアキツシヒメに対応すると思われる）であり、したがって、ホノニニギはタカミムスヒの孫にあたる。日本書紀本文神話では、古事記神話と異なり、タカミムスヒという神の存在が強調されているのである。日本書紀本文神話の記述だけを見るならば、この神はこの場面ではじめて登場しており[3]、誕生の由来や神的な系譜についての説明も見られない。その登場はかなり唐突な印象を受ける。

しかも、ここで注目されるのは、タカミムスヒが「皇祖《みおや》」と呼ばれている点である。「皇祖」とは天皇家の先祖のことを意味するが、この場合の「祖」は祖父を意味するという指摘もある[4]。タカミムスヒは神なので、この皇祖を皇祖神と捉えて差し支えないと思われるが、タカミムスヒの誕生の由来や神的な系譜がまったく示されていない状況で、突如、皇祖として現れるのである。なお、「皇祖」という表現はこの場面に一度だけ登場するだけで、そのあとの記述には見られない。

このような記述の仕方から、日本書紀本文神話においては、このタカミムスヒが無条件に皇祖として位置づけられていると捉えざるをえないが、しかるべき理由が明示されることなく、このような記述がなされているということは、日本書紀本文神話が依拠する神話において、タカミムスヒを皇祖神として捉えることが自明の前提であるという背景があったのであろう。

そして、このタカミムスが「特《こと》に憐愛《うつくしび》を鍾《あつ》めて、崇養《あがめひだ》したまふ」(5)、つまり、とても可愛がって、大事に養育していたホノニニギを葦原の中つ国の統治者にしたいと望んだという。直前の項で触れたように、古事記神話がアマノオシホミミを葦原の中つ国の統治者として位置づけている点に関しては、いくつかの伏線があらかじめ用意されている可能性を指摘した。日本書紀本文神話でも、アマノオシホミミはスサノヲが生み、アマテラスの子と位置づけられている存在であって、さらにその子であるホノニニギはタカミムスヒの娘が生んだ子で、そのタカミムスヒは、古事記神話においても、アマテラスとともに高天原の司令神としての役割を果たしている神である。それらの事実にもとづいて、ホノニニギが葦原の中つ国の統治者にふさわしい存在であると主張することも可能ではあると思われるが、日本書紀本文神話の記述では、アマノオシホミミやアマテラスという存在は脇に追いやられ、はじめから皇祖神として位置づけられるタカミムスヒと、この神に寵愛されていた孫のホノニニギという特別な関係だけが強調されているように思われるのである。

なお、天降りを命令する神話について、日本書紀別伝神話の記述にも目を向けてみると、それが様々な形で伝承されていたことがわかる。だれがだれに天降りを命じたかという点に注目するならば、大きく三つに分類することができるであろう。すなわち、①タカミムスヒがホノニニギに命じるもの（第九段の第四書、第六書）、②タカミムスヒとアマテラスが共同でアマノオシホミミに命じるもの（同段の第二書）、③アマテラスがアマノオシホミミに命じるもの（同段の第一書）である。この分類に関して、アマテラスが介在している神話では、天降りを命じられるのがアマノオシホミミとなっているが、そうでない神話ではホノニニギになっているという明確な違いが見られる。日本書紀本文神話はこれらの分類のなかで、①の形と一致しているのである。

二　使者の派遣をめぐって

国つ神への対応

古事記神話においてはアマテラスがアマノオシホミミを、日本書紀本文神話においてはタカミムスヒがホノニニギを天降らせようとするが、両神話ともにそれがうまくゆかなかったと記している。なぜならば、葦原の中つ国には天つ神とは異なる国つ神が住み、そこを実質的に支配していたからである。この点については、一見すると、両神話の記述がまったく一致しているように思われるけど、詳細に検討してみるならば、違いを見いだすことができるであろう。それは、葦原の中つ国に住んでいる国つ神に対する捉え方の違いである。

古事記神話では、アマノオシホミミが天《あま》の浮橋から眺めて、葦原の中つ国が大変騒がしいようだと述べ、さらにタカミムスヒとアマテラスも、勢いが激しく、荒ぶる国つ神が大勢いると述べている。つまり、葦原の中つ国に住む神を騒がしくて荒々しい存在と捉えている。これに対して、日本書紀本文神話では、蛍火のように妖しげに光る神、騒がしい邪《あ》しき神がいるなどと述べ、さらにタカミムスヒはそれらの神を「邪しき鬼《もの》」と述べている。ここでは「邪しき」という表現が二回出てくるのが注目される。両神話とも葦原の中つ国にいる国つ神を、自分たちとは違う野蛮な神と捉えている点は共通しているが、古事記神話があくまでも騒がしくて荒々しいとだけ述べているのに対して、日本書紀本文神話では、そのような神の性格を邪悪であると決めつけている点で、古事記神話よりも厳しい捉え方をしていると言えるのである。この点は、スサノヲを荒々しく、勢いがあって、つい調子に乗ってしまうけれども、けっして悪神とは捉えない古事記神話と、荒々しさの根源に残忍な性格を認めて、悪神と捉える日本書紀本文神話との関係にも符合するものであろう。

　このように、葦原の中つ国に国つ神が住んでいることで、天降りは当初の意図どおりに進まなかった。そこで、天つ神は使者を派遣することになるが、この点に関しても、両神話に違いを見いだすことができるであろう。それは、派遣する使者に与える役目に関する記述上の違いである。

　古事記神話では、使者を葦原の中つ国に派遣するに際して、「言趣《ことむ》けむ」と述べている。この「言趣く」という言葉の理解をめぐっては諸説があるが、ここでは、服属を誓う言葉をこちらに向けさせることという説を受け入れたい(6)。したがって、葦原の中つ国への天降りに際して、一方的に天降って統治するのではなく、そこに住んでいる国つ神がその統治に同意することが必要で、その同意をとることが使者の役目となる。これに対して、日本書紀本文神話では「撥《はら》ひ平《む》けしめむ」と述べている。「撥ふ」は追い払うこと、「平く」は平定することを意味する。したがって、葦原の中つ国への天降りに際して、邪魔な存在である国つ神を追い払うということが使者の役目となる。

　結局のところ、天つ神が国つ神の支配している葦原の中つ国を平定して、その統治をおこなうという点では本質的な違いはない。しかし、古事記神話では、最終的に威嚇や力ずくに近い方で、国つ神から葦原の中つ国の統治権を奪い取ろうとしているにもかかわらず、国つ神の同意を得ることを重視する「言趣けむ」という穏健な言い方で、それを表現しているのに対して、日本書紀本文神話では、相手に国譲りの同意を求め、言趣けと同じようなことをしているにもかかわらず、「撥ひ平けしめむ」という過激な言い方で、それを表現している。そこには、国つ神という存在をどのように捉えるかという違いが、大きく反映しているように思われるのである。

アマノホヒの派遣

このように、派遣する使者の選定がおこなわれるが、古事記神話ではオモヒカネと八百万《やほよろづ》の神の合議によって、日本書紀本文神話では「八十《やそ》の諸神《もろかみたち》」と呼ばれる多くの神の合議によって、アマノホヒという神が使者に選ばれた。古事記神話に登場するオモヒカネは、アマテラスの天の石屋籠《いはや》もりの際にも善後策を立案して活躍していたが、このあとに何度もおこなわれる使者の再選定でも主導的な役割を果たしている。これに対して、日本書紀本文神話では、オモヒカネは使者の選定にはまったく関わっていないので、その点に違いが見られるのである。

使者に選定されたアマノホヒは、ウケヒでスサノヲが生み、アマテラスの子になった五柱《いつはしら》の男神《おがみ》の二番目にあたる神である。一番目の神は、古事記神話で天降りを命じられたアマノオシホミミであり、特に明示されているわけではないが、物語の展開上、この神が天皇家の祖神《おやがみ》と位置づけられている点は、古事記神話と日本書紀本文神話において一致している。そして、両神話においてアマノホヒの方は、三番目に生まれた神であるアマツヒコネとともに、諸豪族（ただし、両神話で具体的にあげられている豪族に違いがある）の祖神として位置づけられており、そのなかでも特に注目されるのは、このアマノホヒを出雲国造《いづものくにのみやつこ》（日本書紀本文神話では出雲臣《いづものおみ》）の祖神としている点である。(7)出雲国造を世襲する出雲臣は、出雲の国における宗教祭祀を司り、オホナムヂを祭る出雲大社を司る豪族である。その豪族の祖神がオホナムヂのもとに遣わされたということになるのである。

アマノホヒが使者に選定された理由について、古事記神話では特に明示していないが、日本書紀本文神話では「神の傑《いさを》」、(8)すなわち、神のなかでも傑出した存在であることが、八十の諸神に認められていたからであるとしている。したがって、アマノホヒに対する賛辞が古事記神話には見られないのに、日本書紀本文神話には見られるということになる。このような賛辞に特別な意味があるという可能性も否定できないが、日本書紀本文神話は古事記神話とは異なり、選定の理由を明示しようとしたというように理解しておきたい。

この決定を承けて、アマノホヒは葦原の中つ国に派遣されることになるが、この神がオホナムヂに媚び諂《へつら》ってしまい、三年経過しても、天つ神に対してなんの報告をせず、使者としての役割を果たさなかったということについては、両神話とも同じように記述している。つまり、アマノホヒを裏切り者として捉えているのである。(9)

古事記神話はともかくとして、アマノホヒに賛辞を与えていた日本書紀本文神話において、この状況をどう捉えるべきであろうか。素直に理解するならば、神のなかでも傑出した存在であると認められていたアマノホヒでさえ、たやすく籠絡《ろうらく》されてしまうほど、オホナムヂは恐ろしい存在なのであるとして、敵の手強さを示す表現上の効果があるようにも思われる。第三章で言及したように、葦原の中つ国の実質的な支配者であることは認めながらも、オホナムヂについては、積極的な言及を避けようとするのが日本書紀本文神話の基本的な立場であると思われるが、このあとに続く度重なる使者の派遣、つまり、使者の派遣で失敗を繰り返すことを、そのまま天つ神による判断が失敗であったとするわけにはゆかないので、こちらの使者も優れていたが、敵の方が一枚も二枚も上手であったというように、表現せざるをえなかったのではないであろうか。

古事記神話ではこの失敗を承けて、つぎの使者の選定に移るが、日本書紀本文神話では、さらにアマノホヒにこだわり、その子であるオホセヒミクマノウシ（亦の名を「タケミクマノウシ」と言う）を急遽派遣することになるが、これもまた失敗に終わってしまうのである。

アマノワカヒコの派遣とその死

つぎの使者として派遣されたのはアマノワカヒコである。この選定は、古事記神話では前回とは異なり、オモヒカネ単独の提案によって、日本書紀本文神話では諸神の合議によって決定された。

両神話とも、アマノワカヒコをアマツクニタマという神の子と位置づけている点では一致している。このアマツクニタマは天上の国魂——すなわち、天上の国土を守る魂——という意味に理解できるが、地上の国魂であるウツシクニタマという神と対応しているという指摘もある(10)。アマノワカヒコは天上の若い男子という程度の意味と思われるが、この神については、通常、神話の記述で見られるはずの「カミ」や「ミコト」という敬称が両神話で付加されていない。このようなことは、アマツマラ、クエビコなど、ごくわずかに同様の例があるが、「アマノワカヒコ」という名が元々は固有名詞ではなく、普通名詞であったという可能性が考えられるであろう(11)。

アマノワカヒコが使者に選定された理由についても古事記神話では明示していないが、日本書紀本文神話ではこの神が「壮士《たけきひと》」であるからとしている。アマノホヒ選定の理由とされた「神の傑」との異同が問題になるが、それを判断する根拠がないので、明確なことは言えない。ただし、「壮士」という表現のもつ雰囲気と、タカミムスヒから弓と矢を与えられている点からみて、アマノホヒ以上に、葦原の中つ国を力によって平定することが期待されていたと推測できるであろう。

このように、アマノワカヒコは派遣されるのであるが、結局、使者としての役割を果たすことはなく、古事記神話ではオホナムヂの娘であるシタテルヒメ（のちの記述でシタテルヒメの亦の名が「タカヒメ」であると述べられている）、日本書紀本文神話ではウツシクニタマの娘であるタカヒメ（亦の名を「シタテルヒメ」「ワカクニタマ」とする）と結婚して、葦原の中つ国の支配を目論《もくろ》むようになる。なお、古事記神話ではオホナムヂとウツシクニタマを同一視しているが、日本書紀本文神話ではオホナムヂとウツシクニタマを別々の神として位置づけていると思われる。そして、天上の国魂の子が地上の国魂の子と結婚するという形をとっていることが注目される。

天つ神側は報告を、アマノホヒのときには三年待ったが、アマノワカヒコのときには八年も待ったという違いがある。結局、アマノワカヒコからの報告はなかったが、アマノホヒのときのように、すぐ諦めて、別の使者を選定するのではなく、なぜ報告してこないのかを問い質す使者（古事記神話では「ナキメ」という名のキジ、日本書紀本文神話では、単に名前のないキジ（無名雉《ななしきぎし》）とする）を派遣するという違いもある。このような違いがある理由は明確でないが、アマノホヒの失敗を承け、天上の国魂の子であるアマワカヒコには格別な期待を寄せていたからと考えられるであろう。

しかし、その期待は裏切られ、キジは、タカミムスヒがアマノワカヒコに与えた弓矢で射殺されてしまった。血のついたその矢が高天原にまで届いたときでさえ、タカミムスヒはアマノワカヒコが裏切ったとは断定していない。古事記神話では、この矢が飛んできた理由を占おうとし、「もし使命に違わず、悪い神を討とうとしたのならば、矢はあたらないように、もし邪心があるならば、矢の災いを受けよ」と宣誓するが、日本書紀本文神話では占いという形はとっておらず、「国つ神と戦って、ここまで飛んできたのか」とつぶやいて、そのまま矢を返している。

返された矢は、古事記神話ではタカミムスヒの宣誓のとおりに、邪心のあったアマノワカヒコにあたったということになるであろうし、日本書紀本文神話では、天に唾すると、結局、それが自分にかかってくるように、天つ神に逆らって射た矢が自分の方に帰ってきて、あたったということになるのであろう。このようにして、アマノワカヒコは死んでしまったのである。

アマノワカヒコの葬儀とアヂスキタカヒコネの登場①

アマノワカヒコが死ぬと、両神話においてその葬儀の様子を詳細に語っている。ただし、この場合の葬儀というのは、亡骸を一定期間、喪屋に安置するというモガリ（殯）のことである。古事記神話では、葬儀は地上で営まれており、アマノワカヒコの妻であるシタテルヒメの泣き声に惹かれて、天上からアマノワカヒコの父や天上での妻が降りてくる。そして、葬儀の担い手は鳥であって、カハカリ（川雁）がきさり持ち、サギが掃《ははき》持ち、ソニドリ（カワセミのこと）が御食人《みけびと》、スズメが碓女《うすめ》、キギシが哭女《なきめ》の役目を務めている。(14) 空と大地を行き来する様子から、鳥は死者の魂をこの世からあの世へと橋渡しする存在として捉えられるが、この場合、逆にあの世からこの世への橋渡しなのであろう。つまり、鳥たちの働きを通して、アマノワカヒコを蘇生させようとしたと思われる。そもそも、モガリには死者との別れだけではなく、蘇生の意図が込められているのである。

一方、日本書紀本文神話の場合、アマノワカヒコが死んだことを知った父アマツクニタマが疾風《はやち》を送って、その亡骸を天上に移動させているので、葬儀は天上でおこなわれている。古事記神話と同様に、鳥が葬儀で活躍しているが、カハカリが持傾頭者《きさりもち》および持帚者《ははきもち》、スズメが舂女《つきめ》の役目を務めるとあり、古事記神話よりも簡素である。ただし、日本書紀本文神話のなかに組み込まれている異伝（これは別伝神話とは異なるものである）には、それよりも複雑な記述が見られる。(15)

両神話とも、「日八日夜八夜《ひやかよやよ》」（日本書紀本文神話では「八日八夜《やかやよ》」）にわたって歌舞が催され、モガリがおこなわれているが、ここにアヂスキタカヒコネが登場する。古事記神話では、この神はオホナムヂの子の筆頭として位置づけられているが（日本書紀本文神話には系譜の記載がない）、オホナムヂの国譲りの話にはまったく関与していない神である。アマノワカヒコと親しかったので、弔いに来たのであるが、その容姿がアマノワカヒコとよく似ていたため、泣いていた遺族がアヂスキタカヒコネを見て、アマノワカヒコが蘇ったと喜ぶのである。この記述から、葬儀が蘇生を意図していたという先程の指摘が裏づけられるであろう。さらに泣くことと蘇生の関係も注目される。イザナキの涙に、死者の蘇生に関わる神として信仰されたナキサハメが化生したように、ここでも大声を上げて泣くことと、死者の魂がこの世に戻って来ることとが結びつけられているのであろう。

しかし、アマノワカヒコは実際には蘇生しなかった。忌まわしい死者と間違われたアヂスキヒコネは激怒した。両神話とも、アヂスキタカヒコネが喪屋を粉砕し、粉砕された喪屋が蹴っ飛ばされたり（古事記神話の場合）、落下したりして（日本書紀本文神話の場合）、美濃の国にある喪山になったと述べている。友人の葬儀に来たのに、なぜそこまで怒るのかという疑問が生じるであろうが、神話を取り巻く世界では言霊の力が大きい。アマノワカヒコと間違われるということは、アヂスキタカヒコネが忌まわしい死者と化すことそのものを意味していたのではないであろうか。

それゆえ、古事記神話では、そこにアヂスキタカヒコネの妹であるタカヒメが現れて、立ち去った兄の名を歌で伝えようとする。連なった玉のように二つの谷を輝かせて渡る、それが「アヂスキタカヒコネ」という名の神なのですよと。「シタテルヒメ」はこのタカヒメの亦の名とされているので、夫の死を悲しんで泣いていたシタテルヒメと、兄を讃える歌を詠むタカヒメとのあいだに雰囲気の違いを感じさせるが、それによって、アヂスキタカヒコネは本来の自分を取り戻したことになるのである。これに対して、日本書紀本文神話ではこの歌は登場しない。日本書紀別伝神話（第九段の第一書）には、古事記神話の歌とほぼ同じ歌が出てくるので、『日本書紀』の編纂者は、アヂスキタカヒコネを讃えるこの歌をあえて取り入れなかったと推測することができるであろう。

アマノワカヒコの葬儀とアヂスキタカヒコネの登場②

アマノワカヒコの死を受けて、古事記神話と日本書紀本文神話のどちらにおいても、その葬儀についての記述が展開され、それに連動する形で、アヂスキタカヒコネという神が登場しているのであるが、両神話ともに、国譲り交渉のための使者派遣という本筋を離れる形で、このような記述が展開されているのはどういうことなのであろうか。

まず確認しておかなければならないのは、両神話の記述が偶然一致しているというわけではなく、アマノワカヒコに言及している日本書紀別伝神話（第九段の第一書）でも同様の記述になっていることから、元々の神話にそのような記述があり、アマノワカヒコの葬儀とアヂスキタカヒコネの登場が一続きの話として位置づけられていたと考えられる点である。古事記神話、日本書紀神話でアマノワカヒコの葬儀とアヂスキタカヒコネの登場が一続きになっているのは、それを取り入れたままであって、『古事記』や『日本書紀』の編纂者の意図でそうなったのではないのである。したがって、先程の問いは、両神話がもとづいている元々の神話に向けられなければならないのである。

アマノワカヒコの葬儀とアヂスキタカヒコネの登場という記述については、穀霊の死と復活を表しているとか、生から死への過渡期について述べているなどといった指摘がある。(16) しかし、それらの指摘をもってしても、本筋を離れる形で、このような記述がおこなわれる必然性を説明したことにはならないように思われる。そこで、この点について一つの可能性を指摘しておきたい。それは、アマノワカヒコの葬儀の記述が、アヂスキタカヒコネという特別に配慮すべき神を登場させる前提になっているのではないかというものである。

古事記神話ではこの神を「迦毛《かも》の大御神」と呼んでいる。「大御神」という最高敬語がつけられているのは、最も重視されているアマテラス、多大な功績をあげたイザナキ（ただし、常に「大御神」と呼ばれているわけではない）、そして、このアヂスキタカヒコネだけである。しかし、アヂスキタカヒコネが「大御神」と呼ばれるのが、神話の記述そのものに由来しているわけではないことは明らかであり、したがって、古事記神話が編纂された時代に、この神を特別視する事情があったと推測されるのである。また、喪屋を粉砕する際に見せた力強さや、歌に詠まれた、二つの谷に渡り、輝いている美しさ、どちらも、この神を讃えている表現として捉えることができるであろう。

直前の項で述べたように、アヂスキタカヒコネがオホナムヂの子の筆頭としてあげられているにもかかわらず、オホナムヂの国譲りの話にはまったく関与していない。それは、アヂスキタカヒコネという神が重要でないからなのではなく、むしろ、逆にそのような服属の話と切り離して位置づけようという配慮が働いていたのではないであろうか。(17) そして、そのような特別な神を登場させる前提として、アマノワカヒコの葬儀の記述が利用されていると考えられるのである。

このように、両神話が成り立つ以前の元々の神話において、アヂスキタカヒコネを登場させるための仕掛けが成り立っていたという可能性を考えているのであるが、その可能性にもとづいた場合、古事記神話と日本書紀本文神話に違いが見られることになる。すなわち、古事記神話ではアヂスキタカヒコネをもっぱら誉め称えているが、日本書紀本文神話では特別な敬称をつけていないし、アヂスキタカヒコネを讃える歌も取り入れられてはいない。アヂスキタカヒコネは忌まわしい死者と間違われたままで終わっているのである。したがって、この神に対してある程度の配慮は図られているが、積極的な記述をしているわけではないと指摘できるであろう。それは、日本書紀本文神話全体を通して透けて見える、出雲の神に対する冷淡さとけっして無関係ではないと思われる。

武闘神の派遣

相次ぐ失敗に直面して、天つ神側も、これまでとは異なる性格の神を使者として派遣することになった。それは武力に密接に関係し、その力で目的を実現しようとする、「武闘神」と呼んでもよい神である。なお、アマノワカヒコも「壮士」と呼ばれ、弓矢を与えられた点から、武力に秀でていた可能性もあるが、武力に特化した神というわけではないであろう。ということで、武闘神が登場することになるのであるが、ただし、武力をあまり前面に出してしまうと、天つ神による葦原の中つ国への侵略という話になりかねないので、武力の存在を前提としながらも、あくまでもオホナムヂから国を譲渡するという言質《げんち》を引き出そうとするのである。

このように、アマノワカヒコに続く使者として武闘神を派遣する点では、古事記神話と日本書紀本文神話は一致しているが、だれを派遣するかという点で両神話は大きく異なっている。

古事記神話では、オモヒカネと諸々の神によってアマノオハバリか、その子のタケミカヅチノヲが選ばれるが、アマノオハバリがタケミカヅチノヲを勧めるので、そのように決定する。このアマノオハバリという神は、イザナキがカグツチを斬ったときに用いた刀剣が神格化されたものであり、タケミカヅチノヲという神は、カグツチを斬ったこの刀剣の「本」（鍔《つば》を指すと思われる）についた血が飛び散ったとき、その血に化生した神である。どちらも刀剣と密接に関わる武闘神的な性格を強くもっている神と言えるであろう。このタケミカヅチノヲに、船を神格化し、移動の際に大きな力を発揮すると思われるアマノトリフネという神を副えて派遣したのである。

これに対して、日本書紀本文神話では、諸々の神によってフツヌシが使者に選ばれている。このフツヌシはイハサクネサクの子のイハツツノヲとイハツツノメが生んだ子と述べられているが、イハサクネサク、イハツツノヲ、イハツツノメに関する説明は特にない。日本書紀別伝神話（第五段の第六書）の記述では、イハサクとネサクは別々の神として区別され、古事記神話と同様に、カグツチを斬って、刀剣の先端についた血が飛び散ったとき、その血に化生した神と位置づけられている。(18)「フツ」という語は、刀剣でものを斬ったときの擬態語であると考えられており、(19)文字どおり、刀剣の威力を神格化した武闘神と言えるであろう。このフツヌシが使者に選ばれたとき、タケミカヅチノヲ（ただし、日本書紀神話では「タケミカヅチ」と表記されている）は、「フツヌシだけが勇者であろうか。わたしも勇者だ」と猛烈に抗議して、自分も使者になることに成功するのである。

したがって、武闘神の派遣に関する両神話の違いは明らかであると言ってよいであろう。すなわち、古事記神話においては、タケミカヅチノヲだけ（それにアマノトリフネが副えられる）が派遣されるのに対して、日本書紀本文神話においては、古事記神話には登場しない[20]フツヌシが先に選ばれ、あとからタケミカヅチノヲが追加されるという形になっているのである。

この点に関しては、『古事記』と『日本書紀』の成立時期の新旧とは別に、両書が依拠している神話に見られる新旧の違いを想定することができるであろう。フツヌシは、朝廷で軍事部門を司っていた物部氏が奉斎してきた神とされる[21]。物部氏は律令体制後の朝廷でも、しばらくは命脈を保ち、上級貴族を輩出したが[22]、藤原氏の圧迫によって、やがて朝廷の中枢から完全に姿を消すことになる。タケミカヅチノヲは、その藤原氏が奉斎する神なのである。このような実際の政治状況を反映する形で、神話においても、フツヌシがタケミカヅチノヲより優位に立っているもの、タケミカヅチノヲがフツヌシより優位に立っているもの、タケミカヅチノヲだけが登場するものというように、新旧の違いを想定することができるように思われる。そして、武闘神の活躍という話に関しては、古事記神話は新しい神話に、日本書紀本文神話はそれよりも古い神話に依拠していると推測することができるのである[23]。ただし、この点に関して注意を促したいが、これは、『古事記』と『日本書紀』の成立時期の新旧をそのまま表すことにはならないのである。

三　オホナムヂの国譲りをめぐって

国譲りの交渉

勇猛な武闘神の派遣によって事態は一変し、ついにオホナムヂは国譲りを迫られることになる。その描写は、基本的な部分では古事記神話、日本書紀本文神話ともに一致しているが、具体的な描写では様々な違いも見られる。以下では古事記神話の記述をもとにして、日本書紀本文神話にそれと異なる記述があれば、その都度、指摘し、重要な問題については考察を加えることにしたい。

直前の項で述べたように、両神話では構成要員が異なる形で武闘神が派遣されるが、その神は出雲の伊耶佐《いざさ》の浜（日本書紀本文神話では五十田佐《いたさ》の浜）に天降った。そして、逆さにした刀剣を波の穂（日本書紀本文神話では地面）に突き立て、その上にあぐらを組んで坐るという、武闘神らしい示威行動をとって交渉に臨んでいる。

使者は天つ神の命令をオホナムヂに伝えるが、それが、古事記神話ではアマテラスとタカキ（タカミムスヒ）の命令であるのに対して、日本書紀本文神話ではタカミムスヒの命令となっている。これは前述（本書百二十七頁）のように、高天原における意思決定が、古事記神話ではアマテラスとタカミムスヒの共同によってなされるが、日本書紀本文神話ではもっぱらタカミムスヒによってなされ、アマテラスは関与していないからである。そして、その命令にも違いが見られる。すなわち、古事記神話では「あなたが支配している国」というように、オホナムヂに対してある程度、配慮した表現になっているのに対して、日本書紀本文神話ではオホナムヂの支配については言及せず、「皇孫《すめみま》が統治するので、去るのか去らないのか」という厳しい表現になっているのである。

これに対して、オホナムヂは直接返答はせず、息子のコトシロヌシにその返答を委ねた。そこで、武闘神はアマノトリフネを遣わして（日本書紀本文神話では、船に「イナセハギ」というオホナムヂが派遣した使者を載せて遣わせる）、出かけていたコトシロヌシを連れ帰らせて（日本書紀本文神話では返答を受け取るだけで、コトシロヌシを連れ帰ってはいない）、返答を求めるが、コトシロヌシは国譲りをあっさり認めて、隠れてしまう。このあと、古事記神話ではもう一人の息子であるタケミナカタによる返答が示されるのに対して、日本書紀本文神話ではタケミナカタに関する記述は一切なく、両神話で大きな違いが見られている。

なぜ古事記神話だけにタケミナカタが登場するのか。その理由を示す根拠が示されていないため、あくまでも推測の域を出ないが、可能性として二つの点が考えられるであろう。第一は、派遣された武闘神にタケミナカタが注文をつけ、力比べを挑もうとした点から、国つ神側も武闘神の要求に一方的に服従したのではなく、力で抵抗し、一矢報《いっし》いようとしたということが考えられる。第二は、タケミナカタが完敗したことから、武力においても、天つ神の方が格段に勝っていることを示そうとしたことが考えられる。そして、日本書紀本文神話にタケミナカタに関する記述がないのは、日本書紀別伝神話にも同様に見られないことから、編纂の際に依拠した神話にタケミナカタの登場を記したものがなかった可能性が考えられる。その代わり、日本書紀本文神話には、武闘神に最後まで抵抗して、征伐された別の神の存在が伝えられている。(26)

このように、オホナムヂが返答を委ねた息子から天つ神に国譲りをするという返答を得た武闘神は、オホナムヂから直接に国譲りの言質をとろうと迫るのである。

オホナムヂの国譲りが意味するもの

返答を委ねた息子が国譲りを認めたため、オホナムヂ自身も国譲りを表明することになる。この点に関しては古事記神話、日本書紀本文神話ともに共通しているが、それ以外の点ではかなり異なった記述になっている。以下ではその違いに注目しながら、両神話の内容を考察したい。

古事記神話では、オホナムヂが国譲りを認めながらも、条件をつけている。その条件とは、

唯《ただ》に僕《やつかれ》が住所《すみか》のみは、天つ神の御子の天つ日継《ひつぎ》知らすとだる天の御巣《みす》の如くして、底つ石根《いはね》に宮柱ふとしり、高天原に氷木《ひぎ》たかしりて、治め賜はば

である。ここに出てくる「治め賜は」の主語は、オホナムヂが語っている相手、すなわち、天つ神側ということになる。この場合の「治め」というのは、祭ることを意味していると考えられる。(27)つまり、天つ神の御子が統治者として住む住居と同じような立派な住居を設《しつら》えて、自分を祭ってほしいというのが、オホナムヂの出した条件なのである。その条件が満たされれば、「百《もも》足らず八十の坰手《くまで》」にとどまると言う。これは単に奥まった場所というのではなく、現実の世界とは異なる、隠れた霊的な世

界と捉えることができるであろう。

したがって、オオナムヂの国譲りは一方的な帰順というわけではない。国の支配を天つ神に移譲する代わりに、対等な形で宗教的に自分を祭ることを要求しているのである。ここに登場する立派な住居は、出雲大社の由来と結びつけられてきた。それはおそらく正しいであろう。想像を絶するこの壮大な社《やしろ》の建設は、オオナムヂとの約束を果たすためのものと考えられるのである。

そして、そのようにすることで国の統治が実現するのである。オオナムヂの国作りにおける御諸山の神がそうであったように、国を支配するためには、単に政治的、軍事的な力だけでなく、神による宗教的なご加護が必要なのであった。そして、この国譲りにおいては、オオナムヂがその役を買って、天つ神による統治を宗教的に加護しようとしているのである。いわば葦原の中つ国を表で統治する天つ神の御子に対して、オオナムヂはその世界を裏で支えることになる。したがって、古事記神話におけるオオナムヂの国譲りは、天つ神の御子にオオナムヂが協力するという形によって国の統治が実現される、ということを意味しているのである。

これに対して、日本書紀本文神話では古事記神話で示されたような条件を欠いており、極めて簡素な記述になっている。すなわち、コトシロヌシが父にこの国から去るように述べ、隠れてしまったのを承けて、オオナムヂは、自分が去れば、地上の国つ神たちも帰順するであろうと言って、去ることを決意する。そして、国作りの際に用いていた広矛を武闘神に授けて、この広矛を用いれば、国の平安が保てるであろうとして、自らは「百足らず八十の隈《くまで》」に隠れてしまう。この表現は一見、古事記神話の表現と同じであるが、日本書紀本文神話では宗教的な意味合いを特に感じさせない。オホナムヂは文字どおり、この国の片隅に追いやられてしまうのである。

日本書紀本文神話には、古事記神話に見られるような、天つ神の御子がオホナムヂを祭ることになるという記述も、オホナムヂが天つ神をもてなすためにおこなった饗宴の記述(28)もなく、オホナムヂの国譲りを淡々と描いている。そこには、天つ神の御子による国の統治にオホナムヂが関わるという発想がまったく見られないと言ってよいであろう。日本書紀別伝神話には古事記神話と同じような神話がある(29)にもかかわらず、それは取り入れられていない。日本書紀本文神話におけるオホナムヂの国譲りは、オホナムヂを葦原の中つ国から排除し、国つ神を完全に帰順させることによって、天つ神による国の統治が実現される、ということを意味しているのである。

四　天降りをめぐって

天降る神の変更

ようやく準備が整い、天降ることになるが、その経緯については古事記神話と日本書紀本文神話のあいだに大きな違いがある。それには、高天原の司令神、および、天皇家の先祖である皇祖神に関する捉え方の違いが大きく影響していると思われる。

古事記神話では当初、アマテラスの子のアマノオシホミミが天降りすることになっていたが、長年に及んだ国譲りの騒動のあいだに子どもができたので、アマノオシホミミはその子を天降りさせるようアマテラスに進言する。そのように進言した理由は明示されていない。そして、アマテラスはその進言をあっさり受け入れて、天降る神をホノニニギに変更するのである。

これに対して、日本書紀本文神話では、本章第一節の「天降りの命令②」という項で述べたように、タカミムスヒが孫であるホノニニギをとても可愛がっていたという理由によって、当初からこのホノニニギを天降りさせることにしている。

このように、両神話は最終的にホノニニギが天降るという点で一致しているが、それに至る経緯は大きく違っている。その違いの核心は、古事記神話において天降る神が変更された点にあると言ってよいであろう。この点については従来、様々な可能性が指摘されているが、アマノオシホミミからホノニニギに変更されたことについては、地上の統治者があくまでも天つ神の血統を受け継ぐものであることが先取り的に保証されたという指摘が、参考になるように思われる(30)。

実際のところ、天降る神は変更されたのではなくて、すべての神話に見られる、男系ではアマテラスの子孫、女系ではタカミムスヒの子孫にあたるホノニニギが天降りするという既定路線を受け入れながらも、元々はアマテラスの子で、タカミムスヒとは系譜的に無関係であるアマノオシホミミが天降る神であったという解釈を導入することで、ホノニニギが天降ることを、タカミムスヒとの結びつきから引き離し、アマテラスとの結びつきによって理由づけようとしたのではないであろうか。古事記神話では天降る神、すなわち、のちの天皇家につながる地上の統治者は、アマテラスの子孫に限定されるということが、事実上、宣言されていると考えられるのである。

ただし、注意しなければならないのは、このような発想が必ずしも『古事記』の編纂者によって生み出されたというわけでない点である。日本書紀別伝神話に含まれる記述を見ると、高天原の司令神や皇祖神にタカミムスヒを位置づけようとする立場（第九段の第二書、第四書、第六書）と、アマテラスを位置づけようとする立場（第九段の第一書[31]）という相対立する二つの立場が併存していたことがわかる。神話の形成および展開の過程において、おそらくはタカミムスヒを高天原の司令神や皇祖神とする立場が元々存在していて、それに対抗する形で、アマテラスを高天原の司令神や皇祖神とする立場が新たに生み出されていったのではないかと推測される。そして、古事記神話は後者の立場にもとづいているのであり[32]、これに対して、日本書紀本文神話は前者の立場にもとづいていると捉えることができるのである。

ホノニニギの天降り

総じて言えば、ホノニニギの天降りについて、古事記神話では詳細な記述が展開されるが、日本書紀本文神話ではかなり簡素な形になっている。両神話の内容を網羅する形で、この天降りの話を構成する要点を抽出すれば、つぎのようになるであろう。

①タカミムスヒがホノニニギを真床追衾《まとこおふふすま》に包み、天降りさせる。

②サルタビコと接触し、その先導を受ける。

③随行する神と、アマテラスから賜った物とを明示する。

④天降った場所と定住した場所を明示する。

このなかで、古事記神話に見られるのは②〜④であり、①を欠いている。これに対して、日本書紀本文神話では①と④だけが見られ、②と③を欠いている。以下では、①と③について考察することにし、②と④については、それぞれ別の項を立てて、考察することにしたい。

まず①の真床追衾についてであるが、「床」や「衾」とある点、覆って包む形で用いられている点から、寝具のようなものであると推測される。おくるみのように、嬰児を包むものと考えるならば、ホノニニギが嬰児の状態で天降りしたことになるけれども、そのあと、すぐに自ら天の八重雲を押し分け、道を選り分けて天降りするという記述があるので、嬰児であるとすれば、それはかなり不自然なことになるであろう。真床追衾がどのような意図で用いられているのか厳密なところはわからないが、それで包んだあとに天降らせているところからみて、(33)天つ神が嬰児として再生するという形をとった、地上の統治者となるための儀式であったという可能性が考えられるであろう。

これに対して、古事記神話ではこの真床追衾が登場していない。そして、アマテラスとタカキがホノニニギに、葦原の中つ国の統治を任せる命令を与えている点が注目される。もし真床追衾で包むことが地上の統治者になるための儀式であったならば、そのような記述がない古事記神話では、ホノニニギが地上の統治者になったことにはならないという疑念が生じるが、古事記神話では、地上の統治を任せるというアマテラスとタカキの命令が示されることによって、ホノニニギが地上の統治者としての資格を獲得したと考えられるであろう。アマノオシホミミの天降りのときも、そのような儀式によらず、アマテラスが同じような命令を与えていたのである。

つぎに③についてであるが、随行する神とは「五伴緒《いつのとものを》」(34)と呼ばれるアマノコヤネ、フトタマ、アマノウズメ、イシコリドメ、タマノオヤという五柱の神と、オモヒカネ、タヂカラヲ（「アマノ」が欠落したものか）、アマノイハトワケなどである。注目すべきなのは、随行する神のほとんどが、アマテラスを天の石屋から招き出す際に活躍した神であるという点である。また、アマテラスから賜った物とは八尺《やさか》の勾璁、鏡、草なぎの剣という三つであるが、(35)「其のをきし（その招き出した）」という表現があるように、この勾璁と鏡は、アマテラスを天の石屋から招き出す際に用いた物である。このように、アマテラスを天の石屋から招き出した神と物がそのままホノニニギに副えられることになる。それは、これらの神と物によってアマテラスが再生したように、ホノニニギもアマテラスの再生という形で、地上の統治者になるということを意図していると考えられるであろう。

これに対して、日本書紀本文神話に③がないのは、簡素な記述を心掛けたからではない。日本書紀本文神話にも天の石屋籠もりの話は出てくるが、それはホノニニギの天降りとは結びつけられていない。ホノニニギの天降りは、あくまでもタカミムスヒの意向でおこなわれるからである。

以上のように、ホノニニギの天降りの記述に関して両神話には著しい違いがあると言えるであろう。それは結局のところ、天降りをさせる神の違いに行き着くと考えられるのである。

サルタビコとの接触

②のサルタビコについては、古事記神話にいくつかの話が存在するが、日本書紀本文神話にはまったく言及がない。したがって、もっぱら古事記神話の記述を考察することになる。

ホノニニギが天降ろうとしたとき、天の八衢《やちまた》に居座り、上は高天原、下は葦原の中つ国を照らしている神がいた。天の八衢というのは、様々な方向に道が分かれている場所のことであり、そこから高天原や葦原の中つ国を照らしていることから、天の八衢は高天原にでも、葦原の中つ国にでもなく、そのあいだに存在していると考えられるであろう。

天の八衢に居座っていたその神は、「いむかふ神（対抗する神）」と説明されており、恐ろしい形相で威圧的な雰囲気を漂わせていたのであろう。(36) しかし、天の八衢を通らなければ、天降ることができなかったので、ホノニニギのことを心配したアマテラスとタカキは、そのような神にもけっして臆することのないアマノウズメに命じて、なぜそこにいるのか問いかけさせたのである。

その問いかけに対して、その神はあっさりと答え、恭順の態度を示した。国つ神で、名を「サルタビコ」と言う。ホノニニギが天降ると聞いて、先導役を引き受けるため、やって来たのである。その先導によって、ホノニニギは無事に天降るが、それが終わると、ホノニニギは、元々いたと思われる場所にサルタビコを送ることと、その名を受け継ぐことをアマノウズメに命じたのである。それによって、アマノウズメは「猿女君《さるめのきみ》」(37) と呼ばれることになった。(38)

アマノウズメに送られたあとのことと思われるが、阿耶訶《あざか》という場所（これは伊勢の国にある地名と思われる）[39]にいたサルタビコが漁をしているとき、「ひらぶ貝」[40]という貝に手を挟まれて、溺れてしまった。海底に沈むときの名は「底どく御魂《みたま》」、海水が泡立ったときの名は「つぶたつ御魂」、その泡が弾けたときの名は「あわさく御魂」と言う。

以上が古事記神話におけるサルタビコに関する記述である。サルタビコがなぜホノニニギの天降りの先導をおこなおうとしたのかについてであるが、名を名のって恭順の態度を示していることから、地上の統治者となって天降りするホノニニギに服属し、歓迎の意味を込めておこなっているのであろう。ただし、ここで注意されるのは、ホノニニギがこのサルタビコに対して「大神」という敬称をつけている点である。サルタビコはホノニニギに服属することになった神ではあるが、特別に配慮すべき神として位置づけられていることがわかる。アマノウズメにサルタビコの名を受け継ぐように命じているのも、名は対応する物そのものと深く結びついているという言霊信仰的な発想から、サルタビコのもつ力を、そのままアマノウズメに移そうとする意図があったと思われる。

そのようなサルタビコの力とはなんであるのか。すでに指摘されているように[41]、それは伊勢という地域に元々あった土着の宗教的な力であったと考えられるであろう。古事記神話では、サルタビコが伊勢と関係があることを示すだけで、その背景についてなにも語らないが、サルタビコは伊勢に根を張る神であったと思われる[42]。のちに皇祖神であるアマテラスが祭られるようになったことからもわかるように、伊勢は大和の人々にとって太陽が昇る東方の地であるとともに、海と結びつけられて連想され、海産物を供給する重要な拠点でもあった。そこに元々あった宗教的な力を根こそぎ奪いとろうとすることが、サルタビコに関する神話の核心であったと思われるのである。

このように、抜け殻同然となったサルタビコは、漁における事故で溺れる。泡が弾けたように、サルタビコは死んでしまったのであろう。それは本来、悲惨な話になるはずであるが、古事記神話では、おそらく「サル」を「戯る」と掛けて、滑稽な形で描き出そうとするのであろう(43)。

天降った場所

本項では④の天降った場所と定住した場所について考察する。ホノニニギが天降る様子については、古事記神話、日本書紀本文神話ともに、天の石位《いはくら》(日本書紀本文神話では天の磐座《いはくら》)を離れて、天の八重のたな雲(日本書紀本文神話では天の八重雲)を押し分けて、霊威を示しながら道を選別して進むという形になっており、ほとんど一致しているであろう。ただし、そのあと、古事記神話では、天の浮橋に立って、そこから天降るのであるが、日本書紀本文神話では、実際に天降ったあと、槵日《くしひ》の二上《ふたかみ》(後述の高千穂の峰《たけ》とは異なるように思われる)にある天の浮き橋から、平坦な地に降り立ったとしていて、天の浮橋がどこに架かっているのかという点について理解を異にしている。

そして、実際に天降った場所として、古事記神話では「竺紫《つくし》の日向《ひむか》の高千穂のくじふるたけ」、日本書紀本文神話では「日向の襲《そ》の高千穂の峰」をあげている。なお、日本書紀別伝神話があげている天降りの地はつぎのようになっている。


筑紫の日向の高千穂の槵触《くしふる》の峰(第九段の第一書)

日向の槵日の高千穂の峰（第九段の第二書）
日向の襲の高千穂の槵日の二上の峰（第九段の第四書）
日向の襲の高千穂の添山《そほりのやま》の峰（第九段の第六書）

すべての神話において「日向」「高千穂」「たけ（峰）」という語が含まれており、これらは天降りの場所を示す動かしがたい特色であると言ってよいであろう。日本書紀本文神話と右にあげた神話には、「襲」という語が出てくるものがあるが、古事記神話には見られないものである。この「襲」は、日向の国にあった贈於《そお》郡の古名であるとも、古事記神話において筑紫の嶋を構成する四つの国の一つである熊曽の国のことであるとも言われている(44)。

従来、この天降った場所を九州の具体的な場所に結びつけようという試みがなされており、現在の宮崎県の高千穂町内の山と、宮崎県と鹿児島県にまたがる高千穂峰という二つが、その有力な候補としてあげられている。もちろん、このような地名が出てくる以上、なんらかの具体的な場所がモデルになっていたということは十分考えられるが、あくまでも神話的な世界において登場するものなので、ほかの地名についても同様のことが言えると思うが、具体的な場所と結びつけた過度な詮索はあまり意味がないように思われる。

重要なことは、第一に、天降った場所が出雲でも大和でもなく、日向であったということである。「日に向かう」という名は、日の神アマテラスの子孫であるホノニニギにとって天降りするにふさわしい場所であったであろうし、古事記神話の記述によれば、そもそもアマテラス自身がこの日向で生まれたのであった（日本書紀本文神話には生まれた場所の記載はない）。第二に「高千穂」という表現が存在していることである。宮崎県や鹿児島県にある「高千穂」という地名が、神話のこの表現よりも早い時期に存在していたとは断定できない。逆に神話のこの表現にちなんで、そのような地名が成立したという可能性も否定できないのである。どちらにせよ、この「高千穂」という名は、高くたくさんの稲穂を積み上げた様子を連想させるのであり、アマテラス、アマノオシホミミから受け継いできた、稲の神という性格を帯びたホノニニギにとってふさわしい場所と捉えられるのである。

天降りしたあと、ホノニニギはさらに移動している。それは定住する場所を探すためであったと考えられるであろう。古事記神話と日本書紀本文神話は、ともに「笠沙」（日本書紀本文神話では「笠狭」）と呼ばれる岬の近辺に定住したとしている点で一致している。

第五章　日向の神話

本章では、天降りしたホノニニギ、その子ホヲリ、その孫ウカヤフキアヘズという親子三代を中心に、日向《ひむか》、すなわち、九州南部を舞台として展開される神話を「日向の神話」と捉えて、主だった違いに注目しながら、古事記神話と日本書紀本文神話の記述を比較検討することにしたい。なお、この親子三代のうちのウカヤフキアヘズに関しては、生まれる際の話が詳細に述べられる以外は、簡単な記録にとどまっている。したがって、日向の神話を親子三代の神話と捉えることには若干違和感もあるが(1)、日本書紀神話では全十一段の最後の段落を、このウカヤフキアヘズとその子に関する記述に割りあてている。本書でもそれに倣って、この親子三代を構成の枠組みにしたいと思う。

一　ホノニニギの軌跡をめぐって

コトカツクニカツナガサという存在

天降ったホノニニギが定住する場所を求める際、古事記神話ではホノニニギが単独で探し求めるのであるが、日本書紀本文神話ではコトカツクニカツナガサという神が登場し、ホノニニギに協力している。ところが、この神は古事記神話にはまったく登場していないのである。本書でこれまで見てきたように、日本書紀本文神話には神話を簡素に記述するという意図があったと思われ、登場する神の数も古事記神話と比べて圧倒的に少ない。ある神が古事記神話にしか登場しないということはあっても、その逆はないというのが常なのであるが、例外として、古事記神話に登場しないのに、日本書紀本文神話には登場するという神が存在している。その代表が第四章第二節の「武闘神の派遣」という項で言及したフツヌシと、このコトカツクニカツナガサなのである(2)。

そして、これに関連して注目されるのは、このコトカツクニカツナガサが日本書紀別伝神話の複数の神話（第九段の第二書、第四書、第六書）にも登場している点である。つまり、この神は一部の神話にしか見られないような特殊な存在というわけではなく、多くの神話に見られる一般的な存在であったと考えられるのである。したがって、『古事記』の編纂者がこのコトカツクニカツナガサという神を知らなかったとは考えにくく、集めた神話を通して、その神の存在を知りながら、編纂の過程であえて古事記神話には取り入れなかったという可能性が想定されるのである。

「コトカツクニカツナガサ」という神名は、「事に勝れ、国に勝れた長い稲」という意味に理解することができるが、この神に言及することで、どのような支障が生じるのであろうか。日本書紀本文神話の記述では、この神がホノニニギに滞在を勧める形になっているが、日本書紀別伝神話にある三つの神話すべてで、コトカツクニカツナガサが自らの国をホノニニギに献上している。したがって、

『古事記』の編纂者は、地上にオホナムヂの勢力下にはない国を支配している神がいて、[3]その神から国を献上してもらうということを問題視していた可能性があるだろう。ホノニニギはオホナムヂとの約束によって、地上の統治者として天降ったのであり、そのホノニニギが第三者から定住の場所を献上されるとなれば、その約束の意義が希薄化してしまうと考えられるからである。

ホノニニギの結婚①

笠沙の岬の近辺に定住したホノニニギは、結婚する相手を求めることになるが、それに関連する記述は古事記神話と日本書紀本文神話で大きく相違している。本項では古事記神話の記述を考察し、直後の項ではその内容と比較しながら、日本書紀本文神話の記述を考察することにしよう。

ホノニニギがコノハナノサクヤビメと出会ったのも笠沙の岬であった。コノハナノサクヤビメはオホヤマツミの娘であり、「カムアタツヒメ」という亦の名をもつ。「アタ」というのは九州南部の地名に由来する氏族名と考えられ、別の部分には「隼人阿多君《あたのきみ》」という呼称も登場している。この女性は、神話的な世界では山の神の娘であるが、その神話の原型となる伝承では地域に根ざした氏族の娘であった可能性があり、そのような二重性を帯びた存在として登場するのである。

ホノニニギの問いかけに応じて自らの素性を示したということは、コノハナノサクヤビメがホノニニギの受け入れを認めたに等しい。そこで、ホノニニギは結婚の申し込みをし、コノハナノサクヤビメは父オホヤマツミの許諾を得るようにと返答するのである。オホヤマツミはこの申し出を非常に喜んだ。その理由は明示されていないが、天つ神の御子という高貴な存在が相手であったからであろう。この点は、クシナダヒメとの結婚を求めたスサノヲが、アマテラスの弟であったと知ったときのアシナヅチの対応にも通じるものがある。オホヤマツミは、コノハナノサクヤビメの姉イハナガヒメも副えて、「百取《ももとり》の机代《つくゑしろ》の物」と呼ばれる多くの品物をもたせ、娘を送ったのである。

コノハナノサクヤビメへの求婚に応えて、オホヤマツミはその姉まで送った。このように、姉妹を同時に嫁がせる（これを「姉妹連帯婚」と呼ぶ場合がある）という話は、『古事記』「中つ巻」に史実として登場するが、(4) その場合、天皇がある人物の娘すべてを召し出している。これに対して、ホノニニギが求婚しているのはコノハナノサクヤビメだけで、イハナガヒメを副えているのはあくまでもオホヤマツミの意図によるものである。その点で両者は単純に同一視できないであろう。

ところが、ホノニニギは美しいコノハナノサクヤビメだけをとどめて、醜いイハナガヒメを追い返してしまった。この振る舞いに落胆したオホヤマツミは、姉妹を同時に送ったことの意図を伝えたのであった。それは、天つ神の御子に対して、もしイハナガヒメを娶《めと》るならば、その命は岩のように堅固で永遠であることが示され、もしコノハナノサクヤビメを娶るならば、その生涯は花のように華やかであることが示されるというウケヒだったのである。イハナガヒメを娶らなかったため、ホノニニギが永遠の命をもたないことが示されてしまった。このウケヒによってホノニニギが永遠の生命を失ったわけではない。それを元々もっていなかったことが明らかになっただけである。

そして、このことが由来となり、天皇の寿命も限られたものであることが明らかになったとしている。実際はともかくとして、天皇の寿命を永遠のものとして讃えるのが常であるなかで、このような記述をわざわざ加えるのはかなり大胆なことであり、基本的には朝廷の神話でありながらも、古事記神話の立ち位置というものについて、改めて考えさせるものになっている。

神話学では「バナナ型神話」という神話類型が提唱されている。これは、神が永遠なものと永遠でないものの二つを人間に示して選ばせ、欲得に目が眩《くら》んだ人間が永遠でないものを選んだため、永遠の生命を失ったと説くような神話を指している。ホノニニギの結婚の場合、はじめにどちらか一つを選ぶように求められているわけではないので、単純にバナナ型神話とは同一視できないが、永遠の生命と現実における華やかさという二つが対比されて、かつ、寿命に限りがあることを示している点で、バナナ型神話と親近性をもつ神話として捉えることも可能であろう(5)。

ホノニニギの結婚②

本項では、ホノニニギの結婚に関して、直前の項で扱った古事記神話との異同に注目しながら、日本書紀本文神話の記述を考察したい。

古事記神話と同様に日本書紀本文神話でも、コノハナノサクヤビメとの出会いは笠沙（正確には笠狭）の岬であったと考えられる。ただし、コノハナノサクヤビメは、天つ神がオホヤマツミを娶って生まれた子とされており、オホヤマツミは女神として位置づけられている可能性が考えられる。古事記神話において、オホヤマツミの性別は明示されているわけではないが、「オホヤマツミの子または女《むすめ》」という表現が複数回出ており、(6)このような場合は通常、父親の名をあげるのが普通なので、男性と考えられているのであろう。したがって、両神話ではオホヤマツミの性別が一致していない可能性がある。そして、コノハナノサクヤビメの異名として「カムアタツヒメ」と、古事記神話にはない「カシツヒメ」という名が示されており、どちらも地域の氏族名と関係があると思われる。

古事記神話との違いは、イハナガヒメが登場せず、オホヤマツミのウケヒもなく、ホノニニギとその子孫の寿命に限りがあるという記述が見られない点である。日本書紀本文神話では、ホノニニギがコノハナノサクヤビメと出会い、結婚したという記述しか存在していない。この点については、日本書紀本文神話が依拠した神話が元々そういう記述になっていたか、あるいは、編纂者がなんらかの意図によって、記述の一部を取り除いたか、という二つの可能性が考えられる。どちらとも断定できないが、日本書紀別伝神話（第九段の第二書、第六書）にもイハナガヒメに関する記述はあるので、『日本書紀』の編纂者がイハナガヒメに関する記述を取り入れなかったことは確かであろう。

古事記神話や日本書紀別伝神話の記述を見るかぎり、コノハナノサクヤビメとイハナガヒメは、それぞれ「華やかであるが、永遠の生命をもたない存在」「永遠の生命をもつが、華やかではない存在」を象徴している。したがって、日本書紀本文神話のように、コノハナノサクヤビメだけに言及して、イハナガヒメに言及しない場合、コノハナノサクヤビメは単に華やかな存在となって、花の儚《はかな》さはまったく表されていないことになるが、『日本書紀』の編纂者がイハナガヒメに関する記述を採用しなかった理由も、この点に存在するのではないであろうか。

古事記神話では、ホノニニギがイハナガヒメを娶らなかったため、ホノニニギとその子孫である天皇が限られた寿命をもつ存在であることが示されることになった。天皇が実際に崩御することは疑いようのない事実である。むしろ、そのような事実の由来を説くためにオホヤマツミのウケヒの記述が存在しているのである。これに対して、日本書紀本文神話では、イハナガヒメと対比された形ではなく、純粋に華やかさだけを象徴するコノハナノサクヤビメを登場させている。ホノニニギがその女神を娶ることによって、ホノニニギとその子孫である天皇が地上の統治者として華やかな存在となるということが示されたのである。そこに限られた寿命という発想はまったく見られない。

古事記神話では、黄泉《よも》つ国におけるイザナキとイザナミのやりとりの記述によって、地上に生きる人間の死の由来が説かれ、オホヤマツミのウケヒの記述によって、天皇の死の由来が説かれたのであるが、日本書紀本文神話には古事記神話のような記述は存在せず、したがって、この二つの死の由来は示されていない(7)。その理由として、日本の歴史の前段階を描く「神代」で、人間の死の由来を説くことは不必要であると考えた可能性もあるし、天皇の死については、たとえそれが事実であっても、不謹慎なこととして避けたということも考えられる。このように、日本書紀本文神話は死の由来について説くことを完全に排除していると言えるのである。

コノハナノサクヤビメの出産

古事記神話では永遠の生命をもたないということが明らかにされる形で、日本書紀本文神話では特に問題なく、ごく普通の形で、ホノニニギはコノハナノサクヤビメと結婚するが、この結婚というのは一緒に暮らすようなものではなく、一晩だけ泊まって契りを交わす（以下では、「一宿婚《ひとよ》」と呼んでおきたい）というものであった。なぜこのような結婚形態をとったのかが問題となるであろう。通常、一宿婚で妊娠することは難しいと思われるが、神はそれを成し遂げることができるとして、このような特異な結婚形態を聖婚として捉えようとする指摘もある(8)。

ただし、ホノニニギが意図的に一宿婚という形をとったとすれば、一つの疑問が生じるであろう。それは、両神話のどちらにおいても、ホノニニギは一宿婚で子が生まれるわけがないと判断しているので、子が生まれることがありえないような結婚を自ら選択したということになってしまうのである。定住する場所を見つけ、さらに結婚して子をもうけるという流れからすれば、そのような行動は不自然なことのように思われるのである。

この点に関して二つの可能性が考えられるであろう。第一は、ホノニニギが本心からそう判断していたというもので、実際にはホノニニギの子が生まれているので、その判断は誤っていたことになる。この場合、天つ神は不可能なことさえも成し遂げる特別な存在として示されることになるであろう。第二は、ホノニニギの判断があくまでも見せかけのものであったというもので、コノハナノサクヤビメの妊娠した子が自分の子であることを周囲の者に知らしめるために、あえてそのような判断をしてみせたということになる。この場合、天つ神が特別な存在であることが示されるだけでなく、ホノニニギの思慮深さも示されることになるであろう。日本書紀別伝神話（第九段の第五書）には、後者の可能性を示す記述が見られるが、かなり作為的な印象を受けるし、『日本書紀』の編纂者もそのような記述を取り入れてはいないのである。可能性としては前者の方が考えられるであろう。

このようにホノニニギが一宿婚を意図的におこなったとすれば、そこに不自然さが見られるのであるが、天つ神が特別な存在であり、そのうえ、その子として生まれる者も特別な存在であるということを示すために、このような結婚形態と子を生む際のやりとりが成り立ったのではないかと思われる。この点に関して、古事記神話と日本書紀本文神話に違いは見られないのである。

そして、生まれる子の父を疑われたコノハナノサクヤビメが出産することになるが、古事記神話では、ホノニニギがその子を国つ神の子ではないかと疑っているのに対して、日本書紀本文神話では、単にわたしの子ではないのではないかと疑っている点に違いがあり、さらに日本書紀本文神話では、このように疑われたコノハナノサクヤビメが怒り、恨んでいると描写しているが、古事記神話にはそのような描写がないという違いもある。

このように疑われたコノハナノサクヤビメは、身の潔白を証明するために、ウケヒをおこなって出産することにした。両神話においてこのウケヒの宣誓内容に若干の表現上の違いが見られるが、(9)本質的な違いはない。ホノニニギの子であれば無事に生まれるであろう、ホノニニギの子でないならば無事に生まれないであろうと宣誓して、子の父がだれであるかの判断を神に委ねたのである。その際、あえて無事に出産しにくい状況を作るために、戸のない産屋を作り、隙間を塗り固め（これは日本書紀本文神話の記述にはない）て、完全な密閉状態にし、さらに火を放って、逃げ場のない、燃え盛る炎のなかで出産に臨んだのであった。そして、無事に出産することによって、コノハナノサクヤビメの身の潔白が証明されたことになるのである。

ホノニニギの子に関する違い

このように、ホノニニギの子が生まれたのであるが、その子に関する古事記神話と日本書紀本文神話の記述は多くの点で異なっている。まずは両神話の記述を提示しておこう。

古事記神話―ホデリ（隼人阿多君の祖《おや》）、ホスセリ、ホヲリ（亦の名、天つ日高《ひたか》日子ホホデミ）

日本書紀本文神話―ホスソリ（隼人の始祖《はじめのおや》）、彦ホホデミ、ホアカリ（尾張連《をはりのむらじ》の始祖）

神名の順番はそのまま生まれた順番を表していると思われる。両神話の記述を比較すると、様々な問題点が存在していると言える。以下では、その問題点について具体的に検討してゆきたい。

第一は神名がほとんど一致していない点である。古事記神話で「ホヲリ」の亦の名としてあげられている「ホホデミ」が日本書紀本文神話にも見られること、そして、古事記神話の「ホスセリ」が日本書紀本文神話の「ホスソリ」と酷似しており、おそらく本来は同一のもので、伝承過程で変化したと考えられること、この二点以外に、両神話は一致するものがないのである。

古事記神話に登場するホデリは日本書紀別伝神話にも見られないので、古事記神話にしか登場しない神ということになる。そして、このホデリが古事記神話では隼人の先祖と位置づけられているが、日本書紀本文神話では隼人の先祖はホスソリになっているので、ホノニニギの子のだれを隼人の先祖と位置づけるかについて、両神話は理解を異にしているのである。

また、日本書紀本文神話に登場するホアカリは、古事記神話ではホノニニギの子ではなく、ホノニニギの兄として登場しており、『播磨国風土記』「餝磨《しかま》郡の条」ではオホナムヂの子と位置づけている。このように天つ神であるホノニニギの子や兄であったり、国つ神の子であったりと、神話によって位置づけが一定していないのは、この神を祖神《おやがみ》として仰ぐ尾張氏(10)との関係からではないかと思われる。壬申の乱で功績をあげた尾張氏について、祖神をより格の高い神へと変えて、氏族の地位を向上させようとする動きがあったのではないかと推測されるのである。

第二は生まれた順番に意味があるのかという点である。古事記神話で三柱《みはしら》の子の神名は、火が出る、火が燃え進む、火が下火になることを意味していて、子の誕生が出産の際の火の燃える過程も表しているが、日本書紀本文神話では、いずれも火に関わる神名であるものの、火の燃える過程を厳密に表しているとは言えない。日本書紀別伝神話（第九段の第三書、第五書）に、神名の順番と火の燃える過程が対応しているという記述がある点を考慮するならば、『日本書紀』の編纂者は、神名の順番を通して火の燃える過程を表そうとする発想を取り入れなかったと推測できるであろう。

第三は、ホノニニギの後継者を古事記神話では「ホヲリ」と呼んでいるのに対して、日本書紀本文神話では「ホホデミ（火火出見）」と呼んでいる点である。古事記神話にも「ホヲリ（火遠）」の亦の名として「ホホデミ（穂穂手見）」が出てくるが、漢字表記の違いからわかるように、古事記神話では日本書紀本文神話とは異なり、火との結びつきとしては「ホヲリ」という神名をあげ、稲穂との結びつきとしては「ホホデミ」という神名をあげて、両者を区別していたと考えられるのである。

なお、ホホデミに付加されている「天つ日高」と「彦」という称号の違いも大きな問題であるが、これらについては以前に論じたことがあるので[11]、ここでは扱わないことにする。

以上のように、ホノニニギの子をめぐっては、古事記神話と日本書紀本文神話のあいだに多くの違いが存在しているのであり、特に日向の神話に登場する二代目の統治者の呼び名さえ一致していないという事実には、驚きを禁じえないであろう（本書では、この二代目の統治者を古事記神話の記述にもとづいて、「ホヲリ」と呼ぶことにしたい）。

二　ホヲリの軌跡をめぐって

海のサチを得る兄と山のサチを得る弟

ホヲリをめぐる神話は、海のサチを得る兄と山のサチを得る弟の話から始まる。古事記神話ではその兄弟を「ウミサチビコ」「ヤマサチビコ」と呼んでいるが、日本書紀本文神話にそのような呼称は登場しない。もっとも、古事記神話でも「ウミサチビコ」「ヤマサチビコ」という呼称は、それぞれ一度しか登場しておらず、兄弟を指す固有名詞というわけではないのである。この点を考慮して、以下では、海のサチを得る方を「兄」または「ホデリ」、山のサチを得る方を「弟」または「ホヲリ」と言い表すことにしよう[12]。なお、日本書紀本文神話の実際の記述では、兄は「ホスソリ」、弟は「ホホデミ」と表記されているのであるが、便宜上、古事記神話の表記に従うことにしたい。

ここでは、「サチ」という言葉が多く登場するが、サチとは本来、獲物をとる道具に宿る力であると考えられる。同じ道具で同じように獲物をとろうとしても、とれる場合、とれない場合があるが、とれる場合、その道具に特別な力が宿っていたと考えるのである。このような発想は、「ついている」「ついていない」という場合の「つき」によく似ているであろう。サチは道具に常に内在しているというわけではなく、その力がたまたま宿ったときに大きな成果をもたらすと考えられる。

海のサチを得る兄と山のサチを得る弟という場合、サチは海や山でとれる獲物のことを意味しており、サチを交換するという場合、サチは獲物をとる道具のことを意味している。したがって、サチは道具や道具によってとられる獲物を意味することになるが、そのような意味は、道具に宿る力から派生して成り立ったものと言えるであろう。(13)

このサチの交換は、古事記神話では弟の再三の希望によって、日本書紀本文神話では双方の希望によっておこなわれることになるが、(14)結局、使い慣れていない道具では獲物をとらえることができなかった。そのため、両神話のどちらにおいても、兄が道具を元に戻そうと提案している。その際、古事記神話には兄が述べたとする、「ヤマサチも己《おの》がサチサチ、ウミサチも己がサチサチ」という五七調の諺のような表現が登場しているが、日本書紀本文神話には見られない。

道具を返す段になって、弟は釣り針を海に落としてなくしてしまったと白状した。しかし、兄はそれを許さず、返せと迫った。弟は償うために、古事記神話の記述では自らの十拳《とつか》の剣、すなわち、腰に垂らした長い剣をつぶして材料にし、五百個の釣り針を作ったが、受け取りを拒否されると、今度は千個の釣り針を作った。剣をつぶしてできた鉄の質量は変わらないので、五百個から千個に釣り針の数が変わるということは、単に数が増えるだけでなく、一つ一つの釣り針がより鋭くなり、道具としての精度が上がったことにもなるであろう。しかし、それでも兄は受け取ろうとはしなかった。これに対して、日本書紀本文神話の記述では横刀《たち》、すなわち、腰に差した短刀をつぶして材料にし、箕《み》（穀物の選別や運搬に使う入れ物）一杯に盛った釣り針を作ったが、受け取りを拒否される。あくまでも相対的な違いであるが、古事記神話の方が償いの度合いが高いように思われる。それは、気の進まない兄を説得して、無理にサチを交換させたという負い目も関係しているのであろう。

このように、兄は弟の償いをまったく受けつけず、頑なに元の釣り針を返すように求める。その釣り針こそ唯一無二のサチであり、その釣り針でしか思うように獲物をとることができないという確信があったからであろう。ほかの釣り針ではその代用にならないのである。

シホツチの助言とワタツミの宮訪問

兄からの執拗な返還要求によって追い詰められた弟（以下では兄と弟を「ホデリ」「ホヲリ」と呼ぶことにしたい）は、途方に暮れて、海辺で泣いていた。そのときに現れたのがシホツチである。

「シホツチ」という神名は、潮の精霊という意味に理解することができ、潮の流れを司る神であると言えるであろう。『古事記』ではこの場面にしか登場しないが、日本書紀別伝神話（第九段の第四書）

において、ホノニニギが定住する場所を求めていたとき、国を献上したコトカツクニカツナガサの亦の名がこの「シホツチ」であったとしており、また、『日本書紀』「神武紀」において、のちに神武天皇となるホホデミに対して、東に美しい国があると教えて、東征を促したのがシホツチであった。どちらの記述においても、シホツチは、これからどうするかというときに助言を与える神として現れている。潮の流れが船の進む方向を定める重要な要因であることから、それが拡大解釈されて、あらゆる場面で方向づけをする神として捉えられるようになったものと思われる。

なお、古事記神話では明示されていないが、『日本書紀』で言及する場合、すべての記述でシホツチを「老翁《をぢ》」と表記しており、老人の姿で捉えていたことがわかる。様々な助言を与えることができる点から、豊富な知識と経験をもつ老人としてイメージしていたのであろう。

泣き憂えていたホヲリに対して、このシホツチが声をかけるが、その際、古事記神話ではホヲリを「ソラツヒタカ（虚空津日高）」と呼んでいる点が注目される。この呼称のなかの「日高」を、日本書紀本文神話にある「天津彦」との関連から「ヒコ」と読ませる場合も多いが、これは太陽のような高みにある方を意味する敬称として、「ヒタカ」と読ませるべきであろう(15)。古事記神話ではこのヒタカを「アマツ」と「ソラツ」という形で二つに区別していて、アマツヒタカを統治者である天皇のような存在として捉えているのに対して、ソラツヒタカを、いずれは統治者になるが、実際にはまだ統治者になっていない皇太子のような存在として捉えていると思われる。このような区別は日本書紀本文神話にまったく見られないものである。シホツチはなにも問うことなく、ホヲリを見て、ソラツヒタ力であることを見抜いたのであるが、あらゆることに関して的確な方向づけが可能であるという点から、ホヲリの運命を見通す能力があったのではないかと考えられる。

シホツチはホヲリから泣き憂えていた理由を聞き、よい方法があるとして、古事記神話、日本書紀本文神話のどちらにおいても、目の詰まった竹製の小舟もしくは籠を作り、そこにホヲリを載せて、ワタツミの宮へと向かわせたのであった。このワタツミの宮がどこにあるのかという点が問題になるが、古事記神話の記述では、船を出して少し行くと、よい道（海流のこと）があり、それに乗ってゆけば、ワタツミの宮に着くと述べており、ワタツミの宮が海のなかにあるとは示していない。だからといって、海の彼方にある陸地であるとすれば、常世の国との区別がつきにくくなるであろう。日本書紀本文神話では「海に沈める」とあり、ワタツミの宮を海のなかにあると捉えている。

しかし、そこには砂浜、井戸、木があると述べられているので、海そのものというわけではないであろうし、そうかといって、ワタツミが海を支配する神である点、その世界に住んでいる住民がみな魚であったり、後述するように、ワタツミの娘が出産するときに本来の姿に戻らなければならないとして、和邇《わに》もしくは龍の姿に変じたりしている点から、海を媒介にした別次元の世界というわけでもないであろう。ワタツミの宮は、実際の海という日常世界と、異界という超日常世界の両方にまたがるような神話上の世界なのであって、それをどちらか一方の世界に限定して捉えることはできないように思われる。この点は高天原《たかあまはら》や黄泉つ国などの世界にも通じる特色と言えるであろう。

ワタツミへの接近

このように、ホヲリはワタツミの宮に到着したが、ワタツミと接するに至るまでの状況については、古事記神話と日本書紀本文神話の記述でかなりの違いが見られる。その主な違いとして、以下に示す四点があげられるであろう。

第一はワタツミの宮のそばに来たホヲリの行動に関する違いである。ワタツミの宮の門を出たところに井戸があり、その井戸のそばにはカツラの木が立っていたが、古事記神話では、ホヲリがシホツチの助言に従って、その木に登ったと述べているのに対して、日本書紀本文神話では、シホツチの助言があったのかに不明であるが、その木の下を行き来していたと述べている。木の上下ということで大した違いはないように思われるが、ホヲリがどこにいたのかということは、その存在にどう気づくかということと密接に関係しているのである。

第二は召使いが登場するかどうかという違いである。古事記神話では、はじめにワタツミの娘トヨタマビメに仕える召使いが井戸に水を汲みに来て、ホヲリと遭遇する形になっているのに対して、日本書紀本文神話では召使いは登場せず、トヨタマビメ自身が井戸に水を汲みに来る形になっている。その際、古事記神話では、井戸の水に光が映し出されていたので、上を見上げたところ、木に登っていたホヲリを発見するのである。これに対して、日本書紀本文神話では水を汲んでいたところ、おそらく木の周辺になにかが動く気配を感じて、ホヲリを発見するのである(16)。

なお、日本書紀別伝神話には、この水汲みに関して、トヨタマビメが多くの召使いを引き連れておこなったとする神話、古事記神話と同様に召使いがおこなったとする神話、日本書紀本文神話と同様にトヨタマビメがおこなったが、ホヲリに遭遇し、驚きのあまりに器を落として、割ってしまったとする神話、水汲みの記述そのものが存在しない、つまり、ホヲリが到着すると、ワタツミが自ら出迎えたとする神話があり、実に様々な形の記述が存在していて、興味深いものがある。

第三は、ワタツミの宮の関係者に接触した際のホヲリの行動に関する違いである。古事記神話では、召使いに水を所望し、水の入った器をもらったのに、飲もうとはせず、身につけていた玉を口に含ませてから、器に吐き出した。唾液が関係していることから、それは呪術的な行為であったと考えられる。その結果、玉は器について離れなくなり、召使いは呆気《あっけ》にとられ、玉のついたままの器を持ち帰った。これに対して、日本書紀本文神話の記述は実に簡素であり、結局のところ、ホヲリはなにもしていない。トヨタマビメがホヲリを一目見るなり、驚いて帰ってしまったからである。

第四はワタツミの対応に関する違いである。古事記神話では、戻ってきた召使いの報告を受けて、トヨタマビメが見に行き、戻ってきたトヨタマビメの報告を受けて、ワタツミが見にゆくというように話は展開する。ワタツミはこの男子を見て、アマツヒタカの御子であるソラツヒタカであると見抜く。このように見抜いた理由として、その高貴な姿もさることながら、玉のついた器がもたらされたということがあげられるであろう。玉は統治者の権威を象徴するものであり、それゆえ、ワタツミはそのことを確認するため、自ら出かけていったと推測されるのである。これに対して、日本書紀本文神話の記述はここでも簡素な記述になっており、帰ってきたトヨタマビメから珍客が来ているとの報告を受けて、ワタツミが単にその客をもてなすという形になっている。古事記神話のように、ホヲリが玉を見せたという、統治者を暗示するような仕掛けはなく、また、トヨタマビメが一目見て、好意を寄せたという出会いも描かれていないのである。

このように、ホヲリがワタツミと接して歓待されるいう大本の筋書きは一致しているのであるが、それに至るまでの内容については、両神話においてかなりの違いが見られるのである。

ワタツミによるホヲリの支援

古事記神話の記述では、ホヲリがこの宮に来た理由をワタツミには知らせていない。当然、ワタツミもソラツヒタカがなぜ来たのか不思議に思ったであろうから、そのような記述は不自然な感じもするが、訳ありと知りながら、本人が語り始めるまで、様子を見ようとしたと考えることもできるであろう。そして、三年経ったころ、ホヲリは来訪の理由をようやく語り始めるのであった。

これに対して、日本書紀本文神話の記述では、ホヲリはこの宮に来て、すぐに来訪の理由を述べている。古事記神話のように、高貴な存在が突然現れ、みんなが魅了されたとする記述とは異なり、ホヲリは用件があって訪ねてきた珍客として位置づけられており、対面した際に来訪した理由を尋ねられたのであろう。この点に関しては、日本書紀本文神話の方が自然なようであるが、日本書紀本文神話では、その理由を聞いたワタツミがなくした釣り針を探し出してあげたのに、ホヲリはトヨタマビメと結婚して、三年もそこにとどまったのである。三年間の滞在に対する説明としては、なくした釣り針のことをワタツミに話さなければと思っていたが、みんなが歓待してくれるので、ついそのままにして、時間を過ごしてしまったとする古事記神話の方が自然なようにも思われる。

事情を把握したワタツミはホヲリを支援しようとする。ただし、ここで注意すべきなのは、ホヲリとワタツミの問題意識に大きなずれが存在していることである。ホヲリの問題意識は釣り針をホデリに返せるかということであり、返すことで問題は解決される。しかし、ワタツミの問題意識はホヲリを地上の統治者にできるかということであったと推測される。この点は日本書紀本文神話では明示されていないが、古事記神話でワタツミがホヲリを「ソラツヒタカ」と呼んでいるのも、いずれは地上の統治者になる存在であるが、ライバルがいて、まだそうはなっていないことが暗示されているように思われる。ソラツヒタカがアマツヒタカになるためには、ワタツミの支援が必要だったのである。そのようなワタツミの問題意識のもとに、ホヲリの行動が方向づけられることになる。ワタツミによるホヲリの支援は、つぎに示す三つにまとめることができるであろう。

第一は、なくした釣り針を探し出し、それを返すときに唱える呪文を教えてあげたことである。ホヲリとしては釣り針をそのまま返すだけなのであるが、ワタツミとしては兄のサチである釣り針を使いものにならなくする必要があった。そこで呪文を教えたのである。その呪文は古事記神話で「この鉤《ち》は、おぼ鉤、すす鉤、貧鉤《まづ》、うる鉤」（この釣り針は、心がぼんやりする釣り針、心が荒む釣り針、貧しくなる釣り針、役に立たない釣り針）、日本書紀本文神話では単に「貧鉤」である。なお、日本書紀別伝神話には、これとは異なる形の呪文が様々に伝えられている。(17)

第二は、古事記神話と日本書紀別伝神話（第十段の第三書）だけに見られる記述であるが、水の配分を調節したことである。ワタツミは海を支配する神であるが、海の水は世界全体を循環しているので、結局、ワタツミは水そのものを支配していることになる。(18) 水田耕作には水が必要不可欠なので、ワタツミはホデリに不利になるように水の配分を調節し、その耕作を妨害したのである。これによって、ホデリは海で獲物を獲ることができないばかりか、水田を営んでも作物が実らなかったため、益々窮地に追い込まれてゆくのである。

第三は、海水で満たす力をもつ塩盈珠《しほみつたま》（日本書紀神話では「潮満瓊」と表記される）と、海水を干上がらせる力をもつ塩乾珠《しほふるたま》（日本書紀神話では「潮涸瓊」と表記される）をホヲリに与えたことである。この二つの珠は、のちにホヲリがホデリを打ち負かす際、大きな役割を果たすことになる。

ワタツミはホヲリにホデリを打ち負かすよう指示するとともに、このような支援をおこなう。それに従ったホヲリも、地上の統治者となるための道を進むことになるのである。

ホデリの服従が意味するもの

地上に戻ったホヲリは、ワタツミの指示したように呪文を唱えて、釣り針を返した。その効力によって海で獲物をとることができなくなったホデリは、古事記神話の記述では、水田を営もうとするが、ワタツミによって水を支配されていたので、どうしてもうまくゆかなかった。日本書紀本文神話にはこのような記述はなく、簡素な形になっている。したがって、ホデリはもっぱら海で獲物をとることができなくなったため、苦しんでいたということになるのであろう。

追い詰められたホデリは心も荒んでしまい、自分がこれほど困窮しているのに、裕福になっている弟のホヲリを妬み、その富を奪おうと攻めてくることになる。そのときに大きな役割を果たしたのが、直前の項で触れた塩盈珠と塩乾珠であった。ワタツミがこの珠をホデリに与えていたのは、万が一の用心のためというわけではなかったであろう。ホヲリのライバルであるホデリをこのように困窮させ、ホヲリを襲ってくるように仕向けておき、それを打ち負かすために、この珠をあらかじめ与えていたと考えられるのである。ホヲリのライバルとは言え、さすがになんの非もない者を一方的に打ち負かすわけにはゆかない。したがって、このように、ホデリを悪者に仕立て上げたというのが実際のところであろう。この二つの珠を用いることで、ホデリは予定どおりに何度も打ち負かされ、以後、ホヲリに従うと誓って、許しを請うたのである。

どのように従うかという具体的な内容については、古事記神話と日本書紀本文神話で違いを見せている。古事記神話では「昼夜《ひるよる》の守護人《まもりびと》」になり、また、「溺《おぼほ》れし時の種々《くさぐさ》の態《わざ》」をして仕えると述べているのに対して、日本書紀本文神話では「俳優《わざをき》の民《たみ》」になると述べている。「昼夜の守護人」は一日中警護する者、「溺れし時の種々の態」や「俳優の民」は、なにかの技芸やそれをおこなう者を意味すると思われるが、これらの表現を理解するためには、つぎの二点に注目する必要がある。

第一は、古事記神話および日本書紀本文神話で「今より以後《のち》」と明示されているように、ホヲリ（ただし、日本書紀本文神話ではホスソリ）が従うと誓ったことは、単に神話のなかだけに限定されるのではなく、『古事記』および『日本書紀』の編纂された現在にまで継承されているという点である。それを継承しているのは、これも両神話で明示されているように、ホデリの子孫として位置づけられている隼人である。したがって、神話のなかでホデリが従うと誓ったことが由来となって、現在に至るまで、隼人がその誓いの内容のとおりに仕えることになったと述べているのである。それは逆から言えば、隼人が朝廷に服属している理由を神話のなかで示していることになるであろう。

第二は、「昼夜の守護人」「溺れし時の種々の態」「俳優の民」という表現が隼人のおこなっていたことと具体的に結びつけられている点である。この点については、日本書紀別伝神話の記述が参考になると思われる。すなわち、第十段の第二書では、隼人が天皇の宮殿のそばで、吠える狗《いぬ》の代わりとなって、奉仕していたことが述べられている(19)。古事記神話の「昼夜の守護人」とはこのことを指しているのであろう。また、第十段の第四書では、ホデリが褌《ふんどし》をして、掌や顔に赤土を塗って身を汚し、溺れているときの様子を演じて、風変わりな踊りをしたと述べている。「隼人舞」であるとは明示されていないが、「爾《それ》より今に及るまでに、曽《かつ》て廃絶無《やむこと》し」という記述があることから、隼人のおこなっていた舞のことを明らかに意味しており、古事記神話の「溺れし時の種々の態」や日本書紀本文神話の「俳優の民」というのは、このことを指しているのであろう。

このように、神話においてホデリがホヲリに打ち負かされ、服従を誓ったことは、それぞれの子孫である隼人が天皇を中心とする朝廷に服属したことと結びつけられている。そこには、神話にまで由来が求められる、支配する側と支配される側という優劣関係が刻印されているのである。

三　ウカヤフキアヘズの軌跡をめぐって

トヨタマビメの出産

トヨタマビメがホヲリの子を妊娠するが、出産をめぐる状況についての記述は、古事記神話と日本書紀本文神話で異なっている。古事記神話では、ホヲリが地上に戻って、兄を打ち負かしたあと、トヨタマビメが妊娠したとのことで、出産するために地上にやって来るが、その記述によれば、産屋はトヨタマヒメ自身で作っているように思われる（あるいは、だれが作ったという記述が省略されている可能性もある）。これに対して、日本書紀本文神話では、ホヲリが地上に戻る際、トヨタマビメは妊娠を告げており、出産するときに地上に行くので、ホヲリに産屋を作って待っていてほしいと頼んでいる。その点から、ホヲリが兄を打ち負かしたのは、そのあとという可能性もあるだろう。

なお、この産屋について、古事記神話は鵜という鳥の羽根で屋根を葺《ふ》こうとしたと記している。鵜は水鳥で、鵜飼いで用いられているように、大きな魚を丸飲みし、それをたやすく吐き出すことができることから、安産を象徴する生き物と捉えられていたのであろう。そのような背景があって、産屋の屋根を鵜の羽根で葺くという話になったものと思われる[20]。しかし、日本書紀本文神話にはこの記述が存在しない。したがって、急に産気づいたため、鵜の羽根で屋根がまだ葺き終わらないのに生まれてしまったという、「ウカヤフキアヘズ」の名前の由来が示されないままになっている。日本書紀別伝神話には鵜の羽根で屋根を葺くという記述が出てくるので、理由は不明であるが、『日本書紀』の編纂者は、この記述をあえて本文神話に取り入れる必要はないと判断したのであろう。

そして、トヨタマビメは出産に臨むが、その際、出産するところを見ないでほしいとホヲリに頼んでいる。古事記神話では、そのように頼んだ理由として、異界の存在者は本来の姿になって出産するからであると、トヨタマビメ自身が述べている。これに対して、日本書紀本文神話では特に理由の説明はないが、同じような理由からであると考えてよいであろう。しかし、ホヲリは見たいという誘惑に負けて、出産の様子を覗き見てしまった。すると、トヨタマビメは、古事記神話では和邇[21]となって、日本書紀本文神話では龍となって、うねうねと動きながら出産していたのである。

トヨタマビメは本来の姿を見られた恥ずかしさから、子を生むと、古事記神話では「海坂《うなさか》を塞ぎて」、日本書紀本文神話では「海途《うみのみち》を閉じて」、海の世界に帰ってしまった。それによって、元々つながっていた陸と海の世界は断絶してしまったと述べられている。このように、本来つながっていた二つの世界が、見てはならないものを見たために断絶してしまうという話は、古事記神話および日本書紀別伝神話に見られる黄泉つ国往還の話ともよく似ている。黄泉つ国往還のときには、見てはならないという戒めを破って灯りをつけたため、生と死の世界が分離し、その境である「黄泉つひら坂」が塞がれてしまった。ここでも、見てはならないという戒めを破って出産を覗き見たため、陸と海の世界が分離し、その境である「海坂」が塞がれてしまったのである。

渚で慌ただしく生み落とされた子は、前述のように、生まれたときの状況から「ナギサタケウカヤフキアヘズ」と名づけられたが、ホヲリとトヨタマビメは別れて暮らすことになった。古事記神話では、トヨタマビメが歌を送り、それにホヲリが歌を返すという記述がある。その歌はトヨタマビメがホヲリの高貴さを誉めたたえ、ホヲリがトヨタマビメと過ごしたときを懐かしむという内容になっている。これに対して、日本書紀本文神話ではそのような歌のやりとりは見られない[22]。

ウカヤフキアヘズという存在

ホノニニギ、ホヲリ、ウカヤフキアヘズを総称して「日向三代」と呼ぶ場合がある。この日向三代の系譜の意義については、つぎのようにまとめることができるであろう。

葦原の中つ国という稲が生い茂る可能性をもった国土に、ホノニニギという稲の神が天降りした。したがって、稲の栽培に適する場所がホノニニギの統治する領域であるが、それ以外にも山や海という領域が存在しており、それらを司る神の協力がなくては、地上を実り豊かな国土とすることはできなかったのである。そこで、ホノニニギは、山を支配するオホヤマツミの娘コノハナノサクヤビメと結婚する。そのあいだに生まれたホヲリは、稲の神という本来の性格に加えて、母親の血統を通して、山の神の協力を得ることになるのである。そして、このホヲリが、海を支配するワタツミの娘トヨタマビメと結婚する。そのあいだに生まれたウカヤフキアヘズは、稲の神という本来の性格と山の神の協力に加えて、母親の血統を通して、海の神の協力を得ることになるのである。

このように日向三代の系譜は代替わりするごとに力を拡大させ、三代目の登場によって、事実上、地上の完全な統治者となりうる存在になったと言えるのである。したがって、この三代目を初代の天皇とすれば、神話とそのあとの朝廷の歴史は、自然な形でつながることになるであろう。

しかし、実際の神話はそのような形になっていない。古事記神話、日本書紀本文神話のどちらにおいても、三代目は天皇ではなく、ウカヤフキアヘズという神であり、この神がさらにワタツミの娘のタマヨリビメと結婚し、イツセ、イナヒ、ミケヌ（日本書紀本文神話ではミケイリノ）、カムヤマトイハレビコが生まれた(23)。そして、末子のカムヤマトイハレビコが初代天皇となるのである。

それでは、なぜ三代目を天皇とはせず、ウカヤフキアヘズとしているのか。ここで注意されるのは、ウカヤフキアヘズが古事記神話、日本書紀本文神話はもとより、日本書紀別伝神話のほとんどの神話に登場している点である。このことは改竄という形ではけっして説明がつかないであろう。なぜならば、ウカヤフキアヘズは古事記神話や日本書紀神話が素材とした神話に元々登場していたからである。ウカヤフキアヘズは、日向の神話において必要不可欠な存在であったと言えるのである。

したがって、日本神話におけるウカヤフキアヘズについて考察する場合、この神がなぜ日向の神話に登場しなければならなかったのかという問いを立てる必要があるだろう。以下においては、この問いに対する答えについて、一つの見通しを示しておきたいと思う。

実際のところ、正式な神名である「ナギサタケウカヤフキアヘズ」に、稲の神を思わせる要素は見られない。むしろ、「渚」や水鳥の「鵜」との関連からして、海との親近性を思わせるであろう。この神は、海の神ワタツミの娘から生まれて、同じくワタツミの娘を妻としており、海の神との関係が極めて濃厚な存在と言えるのである。

前述のように、天降りした天つ神の御子に対して、山の神と海の神がそれぞれ娘を嫁がせるという形で密接な関係を結んでいる。稲の神を中軸にして、いわば両脇を山の神と海の神が固める形で均衡のとれた形になるのであるが、ウカヤフキアヘズが入ることでその均衡は崩れているように見受けられる。しかし、それはウカヤフキアヘズが挿入されて崩れたというのではなく、元々そのような形で山よりも海の方を優先させようとする意向が働いていたのではないかと思われるのである。このことは、スサノヲとその子孫がオホヤマツミの娘と複数回、姻戚関係を結んでいるのに対して、ワタツミとはまったく関わっていないという点とも考え合わせるべきであろう。(24)複雑に入り組んではいるが、海と山という地上の二つの領域は、天つ神と国つ神という神の二つの区分と密接に関係していると推測されるのである。この点については、古事記神話と日本書紀本文神話の全体像を見すえて、別の機会に改めて論じたいと思う。

略号表

※本書の注記で複数回言及する研究文献については、煩を避けるため、つぎのような略号を用いて表記することにしたい。

［解二］　神野志隆光、山口佳紀著『古事記注解2』（平成五年、第一版・第一刷、笠間書院）
［解四］　神野志隆光、山口佳紀著『古事記注解4』（平成九年、第一版・第一刷、笠間書院）
［記紀］　水林彪著『記紀神話と王権の祭り　新訂版』（平成十三年、新訂版・第一刷、岩波書店）
［起源］　大林太良著『日本神話の起源』（昭和五十三年、第一版・第五刷、角川選書63、角川書店）
［系二］　吉井巌著『天皇の系譜と神話　二』（昭和五十一年、第一版・第一刷、塙書房）
［研二］　松村武雄著『日本神話の研究　第二巻――個分的研究篇（上）――』（昭和三十年、第一版・第一刷、培風館）
［研三］　松村武雄著『日本神話の研究　第三巻――個分的研究篇（下）――』（昭和三十年、第一版・第一刷、培風館）
［古国］　黒板勝美編『新訂増補国史大系7　古事記　先代旧事本紀、神道五部書』（平成十四年、新装版・第二刷、吉川弘文館）

［古思］　青木和夫、石母田正、佐伯有清他校注『古事記』（昭和五十七年、第一版・第一刷、日本思想大系1、岩波書店）
［古集］　西宮一民校注『古事記』（平成十七年、第一版・第十九刷、新潮日本古典集成、新潮社）
［古全］　山口佳紀、神野志隆光校注・訳『古事記』（平成十六年、第一版・第六刷、日本古典文学全集1、小学館）
［古大］　倉野憲司他校注『古事記 祝詞』（昭和五十六年、第一版・第二十五刷、日本古典文学大系1、岩波書店）
［釈一］　西郷信綱著『古事記注釈　第一巻』（昭和五十年、第一版・第一刷、平凡社）
［釈二］　西郷信綱著『古事記注釈　第二巻』（昭和五十一年、第一版・第一刷、平凡社）
［集成］　小野田光雄編『諸本集成古事記（上巻）』（昭和五十六年、第一版・第一刷、勉誠社）
［神話］　岸根敏幸著『日本の神話――その諸様相――』（平成二十六年、第一版・第四刷、晃洋書房）
［世界］　神野志隆光著『古事記の世界観』（昭和六十一年、第一版・第一刷、吉川弘文館）
［全三］　倉野憲司著『古事記全註釈　第三巻　上巻篇㈥』（昭和五十一年、第一版・第一刷、三省堂）
［全四］　倉野憲司著『古事記全註釈　第四巻　上巻篇㈦』（昭和五十二年、第一版・第一刷、三省堂）
［達成］　神野志隆光著『古事記の達成　その論理と方法』（平成十九年、第一版・第二刷、東京大学出版会）

［訂古］　本居宣長著、小野田光雄解説『訂正古訓古事記　上』（昭和五十六年、第一版・第一刷、勉誠社）

［伝一］　大野晋編『本居宣長全集　第九巻』（昭和四十三年、第一版・第一刷、筑摩書房）

［伝二］　大野晋編『本居宣長全集　第十巻』（昭和五十一年、第一版・第三刷、筑摩書房）

［日国］　黒板勝美編『新訂増補国史大系　日本書紀　前篇』（昭和五十八年、第一版・第一刷、吉川弘文館）

［日全］　小島憲之、西宮一民他校注・訳『日本書紀1』（平成十八年、第一版・第四刷、新編日本古典文学全集2、小学館）

［日大］　坂本太郎、家永三郎、井上光貞、大野晋校注『日本書紀　上』（昭和四十四年、第一版・第三刷、日本古典文学大系67、岩波書店）

［論叢］　岸根敏幸著「日本神話におけるアメノミナカヌシ（Ⅱ）」（平成二十一年、『福岡大学人文論叢』第四十一巻・第二号）

注　記

[第一章]

(1) 先行研究において、『古事記』の序文をあとから付加された偽作と捉える指摘がある。たとえば［世界］(二十頁、三十七頁)、三浦佑之著『古事記のひみつ　歴史書の成立』(平成十九年、第一版・第二刷、吉川弘文館、百七頁～百十九頁)を参照。その一方で、作品内部に見られる証拠から、この序文を真作とみなすべきであるという指摘もある。矢嶋泉著『古事記の歴史意識』(平成二十年、第一版・第一刷、吉川弘文館、八十四頁)を参照。このように、『古事記』の序文の扱いをめぐっては、先行研究においても意見が分かれているのである。

(2) 神話における世界を、自然的なものと社会的なものという二つの次元に分けて捉える発想については、［記紀］(二十五頁～二十七頁)、および、［世界］(五十六頁～六十頁)を参照。

(3) ［日国］(二十四頁)、［日大］(百三頁、六四二頁の上段の百三番)を参照。なお、［世界］(十二頁、六十一頁～六十二頁)は、『日本書紀』には「高天原《たかあまはら》」という神話的な世界は存在しなかったと断言している。

(4) 別天《こと》つ神が身を隠していたことの意味については、［解二］(三十一頁～三十六頁)を参照。

(5) この「独り神」を男性または女性のどちらか一方の神として捉える可能性もあるが、その場合には、日本書紀本文神話に出てくる「純男《ひたを》」(「をとこのかぎり」とも読ませる)のように、男女のどちらか一方の性を示せばよいわけで、わざわざ「独り」と言う必要はないであろう。「独り」とは、男性と女性という二つの性が成り立っておらず、そのどちらとも言えない単独の状態であることを指していると考えるべきであろう。

（6）ただし、別天つ神のなかでも、タカミムスヒとカムムスヒは、アマテラスの天《あま》の石屋《いはや》籠もりやオホナムヂの殺害などのように、現象世界に大きな問題が生じている場合、その世界に姿を現して、なんらかの行動をとることもある。そのときには独り神というわけにはゆかないから、男神《おがみ》か女神という形で表象されるのであろう。

（7）日本書紀神話で「一書《あるふみ》」と呼ばれる別伝神話は、神代の全十一段のそれぞれに付随しており、第三段を除く十《とお》の段では複数の「一書」が存在している。従来、これを「第一の一書」、「第二の一書」などと呼んで区別しているが、本書では、たとえば「第一の一書」は「第一書」などのように、簡潔な形で表記することにしたい。

（8）［古集］（三百二十五頁の十番、十二番、十四番、十五番の神名）を参照。

（9）［神話］（九頁）、［論叢］（九百六頁〜九百二十四頁）を参照。

（10）この点については［達成］（百二頁〜百六頁）を参照。

（11）この神の漢字表記である「豊雲野」について、「伝一」（百四十四頁）は「トヨクモヌ」と読み、「クモ」が凝り固まること、兆すことの二つの意味を兼ね、「ヌ」を沼であると解釈する。つまり、混沌としたものが凝り固まり、国土の兆しとなる潮と泥の混じった沼状のものが現れたとする。

（12）具体的な例をあげるならば、［伝二］（二百十三頁）では、坂のある場所を表す「シナカ」が「サカ」と変化し、さらにそれが「サ」となったと理解し、また、「ヅ」を連体助詞の「ツ」が濁ったもの、「チ」を神の尊称と理解する。したがって、サヅチを坂の神として捉えている。これに対して、［釈一］（百四十四頁〜百四十五頁）では、「サ」を接頭語と推測し、文字どおり、土の神と捉えている。［古集］（三百三十八頁の六十一番の神名）では、「サ」を「早《さ》」と解釈し、サヅチをはじめて生じた土地としている。本書では［釈一］の説を採ることにしたい。

(13) この場合の天つ神が具体的にだれなのかは明示されていない。それ以前に登場した別天つ神、神世七代《かむよななよ》の一代目〜二代目は身を隠していて、表象しうる形をもたず、存在者の背後で働く力のようなものであった。また、神世七代の三代目〜六代目の神は、イザナキやイザナミへと展開してゆく神であって、イザナキやイザナミと区別される別の神とは考えにくい。したがって、命令を出す天つ神に該当する神はいないように思われるが、別天つ神のなかで生成の力を表しているタカミムスヒとカムムスヒは、神話の後半の部分において目に見える形で登場し、ほかの神に命令を下したり、助けたりすることがある。古事記神話は、裏から支えている神が特別な状況のなかで顕在化する可能性を否定してはいないのであろう。この点を考慮するならば、タカミムスヒとカムムスヒがイザナキとイザナミに国生みを命じ、その実現に向けて働きかけた天つ神であると推測することができる。

(14) この場合の「胞《え》」は胞衣《えな》のことであると考えられる。通常は出産直後に出てくるため、「後産《あとざん》」と呼ばれているが、それが子に先だって出てきたというのであるから、異常な出産であったことが示されているのであろう。なお、「胞」をめぐる問題については［研二］（二百七十九頁〜二百八十八頁）を参照。

(15) 日本書紀別伝神話において、淡路の洲を大八洲《おほやしま》国に含ませるかどうかは各神話によって相違している。すなわち、第四段の第一書では古事記神話と同様に、淡洲と淡路の洲が区別されており、淡路の洲は大八洲国に含まれている。第四段の第六書では、「淡路の洲、淡洲を以ちて胞と為し」と述べられており、淡洲と淡路の洲が並列され、区別されているが、どちらも大八洲国に含まれていない。第四段の第七書と第八書では淡路の洲を生むとだけあって、淡洲は登場しておらず、淡路の洲は大八洲国に含まれている。第四段の第九書では淡路の洲を胞とし、そのあとに淡洲が生まれる。つまり、淡路の洲は大八洲国に含まれないが、淡洲は大八洲国に含まれている。

(16) なお、大八嶋（洲）国以外の嶋についても両神話に違いがある。古事記神話では、大八嶋国以外に六つの嶋が登場しているが、それらを「生む」と表現し、「嶋」と表記している。これに対して、日本書紀本文神話では、大八洲国以外に対馬嶋《つしま》、壹岐《いき》の嶋という二つの嶋が登場しているが、それ以外は「処処の小嶋」と省略されているため、実際に現れたものの総数は明示されてはいない。そして、これらについては「生む」とは表現しておらず、また、「洲」とも表記していない。「潮の沫の凝りて成れるもの」と表現し、「嶋」と表記しているのである。その点から、日本書紀本文神話では、大八洲国とそのほかの嶋に明確な違いを見いだしていたと考えることができる。ただし、古事記神話でも、大八嶋国を生んだあとに「還り坐《ま》し時」という記述があり、これは単に戻るという意味とは考えにくい。なぜならば、イザナキとイザナミの国生みは淡路嶋→四国→隠岐嶋→九州各地→佐渡嶋→本州という順序で進められており、西から東に行って、西に帰っていくという単純な方向性では捉えられないからである。この「還り坐し時」とは、国生みの仕事をしにゆき、それを終えて戻ろうとしたときと解釈すべきものと思われる。したがって、そのほかの嶋は、国生みの仕事を終えて戻る途中、ついでに生まれたと考えられるのである。そう解釈するならば、古事記神話でも、大八嶋国とそのほかの嶋にそれ相応の違いを見いだすことが可能であろう。

(17) この点については［日大］（八十四頁の注二）を参照。

(18) 古事記神話のように、大倭豊《おほやまと》秋津嶋が最後に登場する場合、それ以前に登場した嶋以外の残りの国土を指し示すことになると思われるし、日本書紀本文神話のように、大日本豊秋津洲が最初に登場する場合、編纂者の認識していた日本国土のなかで、最も中心的な場所である大和地域周辺を指し示すことになると思われる。もっとも、これはあくまでも印象の違いであって、必ずそのように理解されるというわけではない。

(19) 「ワケ（別）」は古代に用いられた姓《かばね》の一つであって、大和を本拠地とする天皇家から分かれて、地方に領地を得て定着した者とその一族に与えられた。また、のちに天皇になった皇子の名にも、このワケがつけられている場合がある（たとえば景行天皇は「オホタラシヒコオシロワケ」、応神天皇は「ホムダワケ」など）。

領地を得て地方に定着したのは皇子だけであり、その子孫で地方の首長的な地位を受け継いだのも、基本的に男性であったと考えられるので、このワケは男性を表すものと考えてよいであろう。

（20）大胆に推測するならば、元々「淡道《あはぢ》の穂の狭別《さわけ》」は淡嶋の亦の名であったが、淡嶋とは別に淡路の嶋を大八嶋国に組み入れることになったため、両名が分離して、神名ではない「淡道の穂の狭別の嶋」という表現が誕生したということも考えられるのではないか。

（21）本居宣長は国魂《くにたま》（あるいは、国御魂《くにみたま》）を、「其の国を経営《つくりまし》坐し功徳《いさを》ある神」と捉えている。〔伝一〕（四百二十二頁）を参照。国土の開拓は人間側からの働きかけだけは不十分であり、国土そのものである国魂という神の力を得て成し遂げられるということである。現在もおこなわれている地鎮祭に同様の発想が見られると思う。ある土地に建物を建てる場合、建てる側がどんなに努力しても、それだけでは不十分なのであって、その土地の神をきちんと祭り、協力を得ないことには、建物は大地にしっかりと根づかないと考えられているのである。

（22）古事記神話において、オホクニミタマはスサノヲの孫であり、オホトシの子として位置づけられている。なお、『日本書紀』にも、オホクニヌシの亦の名としてあげられている「オホクニタマ」や、崇神天皇治世下に現れたというヤマトノオホクニタマという神についての記述があり、どちらも国魂として位置づけることができる。

（23）古事記神話に登場する「シラヒワケ」は、筑紫の嶋の一つの面《おも》として位置づけられる筑紫の国の亦の名であるが、神話を離れた実際の宗教史上では、筑紫の国の国魂として、現在もある筑紫神社（福岡県筑紫野市）に祭られている。つまり、筑紫の国自体が神として祭られているのである。同様の例として、壱岐の嶋の国魂としてアマノヒトツハシラを祭っている箱崎八幡神社（長崎県壱岐市）という神社をあげることができるであろう。

(24)本居宣長は迦微《かみ》についてつぎのように述べている。「古《いにしへの》御典等《みふみども》に見えたる天地《あめつち》の諸《もろもろ》の神たちを始めて、其《そ》を祀《まつ》れる社《やしろ》に坐《ま》す御霊《みたま》をも申し、又人はさらにも云ず、鳥獣木草のたぐひ海山など、其余何《そのほか》にまれ、尋常《よのつね》ならずすぐれたる徳《こと》のありて、可畏《かしこ》き物を迦微とは云なり」。[伝一](百二十五頁)を参照。

(25)ただし、日本書紀本文神話の場合、古事記神話とは異なって、イザナミが傷ついて死ぬということはなく、引き続いて、アマテラスやツクヨミなどの神を生んでいる。本書では、古事記神話の記述にもとづいて、アマテラスやツクヨミなどの神が生まれる部分を「神生み」に含ませないことにする。

(26)この部分について『古事記』の刊本がどのような見出しをつけているかというと、[古集](三十二頁)では「神々を生む」とし、[古全](三十五頁)では国生みの記述と一体にして、「国生み・神生み」とし、[古大](五十七頁)は「神々の生成」としており、神が生まれることを記述していると捉えている点では一致している。

(27)古事記神話のなかに挿入されている注釈によれば、生まれた神の総数は三十五柱であるが、本書の本文の一覧で示したように、実際に登場しているのは四十柱であり、この違いをどう理解するのかについては様々な説がある。そのなかで有力視されているのが、神生みで登場する四十柱の神から、ハヤアキツヒコとハヤアキツヒメ、および、オホヤマツミとカヤノヒメが分担して生んだ⑪~⑱と㉓~㉚の計十六柱と、化生して現れた㉞~㊴の六柱と、㊴の子である㊵を除くと十七柱となり、それに、国生みで生まれた嶋で神名をもっている十八柱を加えると、合計三十五柱となるというものである。[解二](百五十頁~百五十二頁)を参照。

(28)「分担して」と訳したものの原語は、「持別而(持ち別けて)」である。意味をとりにくいが、イザナキとイザナミによる神生みを補う形で、河や海、山や野における細かい部分については、それぞれに対応する神が分担して神を生んだというように理解しておきたい。

(29)［神話］（四十六頁～四十八頁）を参照。
(30)［神話］（四十四頁～四十六頁）を参照。
(31)日本書紀本文神話では一貫して「ワタツミ（海神）」の名で登場するが、日本書紀別伝神話（第十段の第一書）では「ワタツミトヨタマヒコ」という名でも現れる。古事記神話では、日向《ひむか》の神話に登場する海の神は「ワタツミ（海神）」（「ワタノカミ」や「ウミノカミ」とも読ませる）と呼ばれている。その記述を見るかぎり、このワタツミがオホワタツミと同一の神であるとは断言できない。ただし、天つ神の御子と姻戚関係を結んだオホヤマツミとの対応関係から言えば、ここに登場するワタツミは、オホワタツミのことであると考えた方がよいであろう。
(32)日本書紀別伝神話（第五段の第六書）には、木の神が「ククノチ」という名であることが示されている。したがって、『日本書紀』の編纂者は、ククノチが神として位置づけられている神話の存在を知りながら、結局、それを取り入れず、「祖」と表記したことになるのである。
(33)ただし、日本書紀本文神話に、自然以外のものに関わる神がまったく登場しないというわけではない、たとえばアマテラスの天の石窟《いはや》籠もりで活躍するオモヒカネは知恵に関わる神、アマノコヤネは託宣に関わる神、アマノタヂカラヲは腕力に関わる神などのように、自然以外のものに関わる神をあげることができるのである。
(34)日本神話でこのバナナ型神話に類似するものとしては、ホノニニギが姉妹のなかで美しい妹だけを受け入れて、姉を追い返したことから、永遠の生命をもたないことが示されたという話があげられるであろう。バナナ型神話のように二者択一ではなく、両方受け入れるべきであったという違いはあるものの、自らの選択と永遠の生命の欠落という点は一致している。バナナ型神話とホノニニギの結婚の話との関連性については、［起源］（二百二十三頁～二百三十頁）、［研三］（六百七頁～六百二十六頁）を参照。

（35）［日大］（九十七頁の注八）と、それをほぼ踏襲した［日全］（五十一頁の解説）を参照。

（36）その理由として、死や黄泉《よも》つ国のような忌まわしい事柄に触れたくなかった点、古事記神話のように、アマテラスがイザナキの左目に化生したという不可解な記述を回避したかった点などが考えられるであろう。

（37）その地には現在も花窟《はなのいわや》神社という神社があり、その神社の伝承によると、そこにある窟がイザナミを葬った場所であるという。

（38）古事記神話には、オホナムヂが木の国（すなわち、紀伊の国）にある木の俣から、スサノヲのいる根の堅《かた》州《す》国に赴いたという記述があり、また、出雲にも「熊野」という地名、熊野大神という神を祭る熊野大社が存在していることから、熊野と出雲は密接な関係をもっていると考えられる。なお、古事記神話に出てくる比婆の山に比定される山は二つあるが、その一つである広島県庄原市にある比婆山の入口には、イザナミを主祭神とする熊野神社が存在しており、それも単なる偶然とは言えないであろう。さらに日本書紀別伝神話（第五段の第五書）でイザナミを葬ったとする有馬村からそれほど遠くないところに、熊野三社の一つである熊野本宮大社があり、そこの第一殿に祭られているフスミという神がイザナミと同一視されている点も注目される。熊野と出雲を結びつける理由として、ともに死に密接に関わっているということがあげられるであろう。古事記神話でイザナミを葬った場所が出雲の国と伯耆の国の境とされているのは、伯耆《ほうき》の国を出て出雲の国に入る地点が死の世界への入口であることを示しているように思われる。熊野も大和の南に位置し、山々が連なり、森林に覆われた鬱蒼とした地であったため、古来、死の世界への入口と見なされてきた。両者はともに死の世界と結びつけられており、そこに、はじめて死ぬことで、黄泉つ大神として死の世界の支配者となったイザナミという存在が結びつけられたのではないと考えられる。熊野と死の世界との結びつきについては、岸根敏幸著『日本の宗教――その諸様相――』（平成二十六年、第一版・第五刷、晃洋書房、百十九頁～百二十一頁）を参照。

(39) 日本書紀別伝神話（第五段の第六書）には、イザナキを追いかけるヨモツヒサメという存在が登場するが、これはヨモツシコメとかなり似た存在として捉えられるので、本文では古事記神話に登場していない神とは扱わなかった。ただし、古事記神話に「ヨモツヒサメ」という名の神が登場していないことは紛れもない事実である。

(40) 「食国《をすくに》」という術語が天皇の統治する国を意味するとして、夜の食国を夜の葦原の中つ国であるとする解釈もあるが、それはあくまでも天皇が統治している世であるから、そういう意味になるのであって、天皇制の存在しない神話の世界に、そのような解釈を持ち込むことは問題であるように思われる。［記紀］（八十六頁）を参照。

(41) 「夜の食国」という表現は、黄泉つ国を除外するためになされているのではないかとも思われる。日の光のない暗い世界であるという点では、黄泉つ国も夜の国ではあるが、そこは月の光も届くことのない永遠に闇の世界である。ツクヨミが統治するような世界ではないという点で、黄泉つ国は夜の食国には含まれないのである。

(42) 具体的に言えば、スサノヲは暴風雨の神として、水と密接に関わっているからであるとか、暴風雨をもたらす台風が海からやってくるという通念に由来するからであるという指摘がある。異色なところでは、「六月《みなづき》の晦《つごもり》の大祓《おほはらへ》」という祝詞で記述される、罪の汚れが行きつく根の国底の国という世界と大海原を重ね合わして、スサノヲを罪の化身と捉えるような説もある。［釈二］（二百三十六頁～二百三十七頁）を参照。

(43) 古事記神話の記述は、「悪しき神の声は、さ蝿《ばえ》如《な》す皆満ち、万《よろづ》の物の妖《わざはひ》　悉《ことごと》に発《おこ》りき」となっている。アマテラスが石屋《いはや》籠もりをして、世界が夜の状態になったときにも、これとほとんど同じ記述が登場している。必要不可欠な水や光の供給という機能が不全に陥ったとき、このような物の怪が現れてくるのであろう。なお、この点については［記紀］（四百九頁～四百十七頁）を参照。

（44）ほとんどの先行研究では、古事記神話にある「神やらひ」という表現を追放の意味で捉えているが、これは「行きたいように行かせる」という意味で捉えるべきものと思われる。この点については［記紀］（四百十九頁～四百四十三頁）を参照。
（45）本居宣長はこのような理解をしている。［伝一］（二百九十三頁～二百九十四頁）を参照。
（46）金井清一著「三貴子分治の神話について」（平成二年、『古典と現代』第五十八号）を参照。
（47）［記紀］（八十五頁～八十八頁）を参照。
（48）この「修理固成」をどう訓読するかについては諸説がある。原文では命令形であるが、終止形に変えて、それらを紹介すると、つぎのようになる。どれが妥当であるか判断しがたいので、本文では読み方を示さなかった。

「をさめ（修理）かため（固）なす（成）」（［古思］［古集］）
「をさめ（修）つくり（理）かため（固）なす（成）」（［古国］［古大］）
「つくり（修理）かたむ（固成）」（［釈一］）
「つくり（修理）かため（固）なす（成）」（［伝一］）
「つくろひ（修理）かため（固）なす（成）（［記紀］［古全］）」

（49）矢嶋泉著「悪神之音如狭蠅皆満　万物之妖悉発――『古事記』神話の論理――」（昭和六十一年、『聖心女子大学論集』第六十七集）を参照。
（50）『古事記』の原文において、この「天つ神の御子」は「天神御子」「天神之御子」という二つの形で現れているが、この二つを、異なる意味内容をもつものとして区別すべきであるという指摘がある。すなわち、「天神御子」は天神である子、「天神之御子」は天神の子として区別すべきであるというのである。しかし、この指摘については、以下に示す三つの理由から同意することはできない。①コトシロヌシは「天神之御子」に国を譲ると述べ、タケミナカタは「天神御子」に国を譲ると述べているが、ここで国を譲る相手とはアマテラスの子であるアマノオシホミミのことである。つまり、同一の相手に対して「天神之御子」と「天神御子」という両方の形が用いられており、この二つは同一の意味内容をもつと考えられる。②トヨタマビメがホヲリの子を「天神之御子」と呼んでいるが、前述のような「天神之御子」の区別からすると、ホヲリが天つ神ということになってしまう。言うまでもなく、「天神御子」と「天神之御子」に違いがあるとすれば、ホヲリは「天神之御子」の方でなければならない、③天皇に即位するまえの一定期間、神武天皇は「天神御子」と呼ばれているが、ホヲリやウカヤフキアヘズという先祖が「天神之御子」と位置づけられるのに対して、その子孫である神武天皇が「天神御子」と呼ばれるのは明らかに不自然である。以上のような三つの理由から、本書では「天つ神の御子」を、特にアマテラスを意味する天つ神の子孫というように理解し、「天神御子」「天神之御子」という二つの形は同一のものを指していると捉え、両者を区別しないことにする。［古全］（百十頁の注三）を参照。

［第二章］

（1）『古事記』の原文には、「根之堅州国」と「根堅州国」という二通りの表記が見られる。ここでは便宜上、その両方を「根の堅州国」と表記しておくことにしたい。

（2）スサノヲがおこなおうとしたウケヒにはアマテラスも参加しているので、このウケヒはスサノヲとアマテラスによるウケヒということになるであろうが、ウケヒで占われているのはスサノヲの身の潔白であり、それゆえ、ウケヒにおける主体はあくまでもスサノヲである。その点を考慮して、本書では、このウケヒを「スサノヲのウケヒ」と呼ぶことにしたい。

（3）スサノヲのウケヒに関する古事記神話と日本書紀本文神話の記述上の違いだけでなく、日本書紀別伝神話にある四種類の神話（第六段の第一書、第二書、第三書と第七段の第三書）の違いについても、かつて詳細に検討したことがある。［神話］（七十五頁〜百七頁）を参照。

（4）そのほかの違いとして、古事記神話が天の安の河をはさんでウケヒをおこなったと記述しているに対して、日本書紀本文神話にはそのような記述がない点、古事記神話に比べて、日本書紀本文神話では男神の誕生を簡素に記述している点、両神話で三女神の誕生の順番が一致していない点などがあげられる。

（5）［伝二］（三百五十頁）を参照。なお、建物ではなく、戸に注目してみると、古事記神話では「石屋戸」という表現だけがあって、「石戸」という表現がないのに対して、日本書紀本文神話では「磐戸」という表現だけがあって、「石（あるいは磐）窟戸」という表現がないという違いがある。

（6）この点については前掲の第一章の注(43)を参照。なお、この邪神を文字通り、実際に存在する物の怪のように捉えることもできるが、すべての事象を神と結びつけて捉えようとする古事記神話の表現方法を考慮するならば、常夜に対する恐れを、そのような邪神の登場という形で表現したという可能性も十分に考えられるであろう。

（7）古事記神話のテキストでは「天安之河原」となっているが、そのほかの用例では「天安河之河上」「天安河之河原」「天安河々上」などとなっている点を考慮すると、後続する「河」の字と混同して、「天安河」の「河」の字が脱落したという可能性が考えられるであろう。

（8）ただし、日本書紀別伝神話には「タマ」という名称を含む神に関する記述が複数あり、これらの神は玉の製作に関わる神として位置づけられている。具体的な記述はつぎのとおりである。

第六段の第二書―ハアカルタマ。スサノヲに瑞八坂瓊《みづのやさかに》の曲玉を進呈した。

第七段の第二書―トヨタマ。玉作部《たまつくりべ》の遠祖《とほつおや》で、玉を作ったという。

第七段の第三書―アマノアカルタマ。イザナキの子とされ、八坂瓊の曲玉を作ったという。

第九段の第二書―クシアカルタマ。作玉者《たますり》と位置づけられている。

なお、『新撰姓氏録』の記述にもとづいて、タマノオヤの子孫と位置づけられる玉祖連《たまのおや》と、ここに出てくる玉作部が同一（したがって、タマノオヤとトヨタマは同一となるであろう）とする指摘がある。［古集］（三百六十六頁の百五十九番の神名）を参照。

（9）［釈二］（三百三十四頁）を参照。

（10）「ウズメ」という神名が「強女《おずめ》」を意味するという説については、いくつかの先行研究が言及しているが、その説をどう評価するかについては意見を異にしている。［古集］（三百六十八頁～三百六十九頁の百六十三番の神名）、［釈二］（三百三十五頁～三百三十六頁）、［全三］（百三頁～百四頁）、［伝二］（三百七十一頁）を参照。筆者の見るところでは、「髪飾りをした女」というのが原義であり、それが強女と結びつけられて、皆が恐れたサルタビコにも向かってゆく気性の強い女として描かれるようになったか、あるいは、逆にアマノウズメのそのような行動にもとづき、神名そのものに強女という解釈があとから出てきたということになるであろう。

（11）桶を踏み鳴らすのは神がかりするためである。神がかりというと、通常、神の憑依を連想するが、この場合、神が憑依したわけではない。神の憑依は、人を通して託宣するためにおこなわれるのが常であるが、この場合、託宣が意図されているのではなく、トランス状態に入り、魂が自らの身体を離れて、隠れたアマテラスの魂を呼び戻そうとしているのである。

（12）日本書紀別伝神話で天の石窟籠もりについて記述している三つの神話にはアマノウズメが登場していない。したがって、その三つの神話のなかの二つにおいて（残る一つは、戸を開ける描写自体が存在しない）、アマテラスが戸を開けようとした直接の理由も異なったものになっていて、言祝《ことほ》ぎをしたアマノコヤネの声に惹かれたということがあげられている。

(13) この「千位置戸《ちくらのおきと》」という語は、千個の台座に置かれたものというように解釈した。なお、［釈一］（三百四十八頁〜三百四十九頁）は「千の位置戸」、すなわち、千個ある、台座に置かれたものと解釈する可能性も指摘しており、したがって、日本書紀本文神話の「千座《ちくら》置戸」についても同様の可能性があることになるが、［記紀］（四百六十七頁〜四百六十八頁）は、延喜四時祭式の幣帛に関する規定に表れる「四座置《くらおき》」「八座置」という術語に注目して、「千座置」を千の座置と捉えている。ハラへに用いられるものが多数あるという点では変わりないが、それを置く台自体が多数なのかどうかという点については、問題があることを注意しておきたい。

(14)［古集］（五十二頁の注四）は「多くの物を載せる台」とするが、それを科することを、「多くの贖物を科す」ることと同一視するのは論理的に飛躍しているのではないか。また、「千位置戸」の「戸」に対する解釈については、［伝二］（三百八十五頁〜三百八十六頁）で、場所と解釈するのは不自然で、置座に置く祓具《はらへつもの》を指しているとし、［釈一］（三百四十八頁〜三百四十九頁）もその説に同意しているようである。これに対して、［記紀］（四百七十一頁〜四百七十二頁）は『古事記』における「戸」の用例から、「戸」を狭いところ、細長いものと捉え、『延喜式』が規定する大祓の料物のなかにもある剣のことであると指摘する。たしかに「戸」は狭まったところを指す場合もあるが、それが全体の細長くなっているものをも指すのかは疑問である。さらに古事記神話の記述を、『延喜式』の規定とそのまま重ね合わせることができるのかという問題もあるだろう。古事記神話の記述それ自体から考えるかぎり、「戸」を剣であると断定することは難しいと思われる。

(15) これは、あくまでも刊行された校訂テキストに限った指摘である。特に『古事記』については写本によって違いが見られ、［集成］（二百五十八頁）によると、「鬚」以外に「鬢」「髪」としているものもあるとされる。このうちで「髪」としているのは、道果本、道祥本、春瑜本という真福寺本の系統に属する写本であり、そのグループで最古と思われる真福寺本が「鬢」なので、書写上の誤りで「鬢」→「髪」という変化はありえても、その逆は考えにくいように思われる。もちろん、現存する写本が単一な系統をなしているとは限らないので、同一系統内において最も古い写本の読みが常に優れていると断定することはできない。

(16)『古事記』のいくつかの写本では、「亦切鬢及手足爪令祓而（亦、鬢と手足の爪とを切り、祓へしめて）」の部分が「亦鬢及手足手足爪令抜（亦、鬢を切り、手足の爪も抜かしめて）」となっているものがある。［古大］や［訂古］では後者の読みを支持するが、［釈二］［古思］［古集］［古全］などのように、この読みを採らないものも多い。本書では「及」という語に関する文法的な理由と、「祓」を「抜」とすると、鬢や爪を切り取る行為がハラへと関係していることが明示されなくなってしまうという理由から、前者の読みを支持したい。

(17)［日全］（七十九頁の注八）、［日大］（百十六頁の注五）を参照。鬢や爪を切除する理由については、［古大］（八十四頁の注一）の説明が妥当であろう。

(18)日本書紀別伝神話を見ると、手の爪と足の爪の各々について、第七段の第二書では「吉棄物《よしきらひもの》」「凶棄物《あしきらひもの》」、同段の第三書では「吉爪棄物《よしきらひもの》」「凶爪棄物《あしきらひもの》」と表現しているが、この表現には、爪を罪と同一視して、廃棄すべきものとして捉えていることが端的に示されているであろう。

(19)［記紀］（四百九十六頁〜四百九十九頁）は日本書紀本文神話における（一）と（二）の記述を、表現は似ていても、古事記神話とは異なり、純粋なハラへではないと主張する。それは（三）を追放刑として捉えることから派生した解釈であり、その結果、（一）は財産没収刑、（二）髪や爪を切断して上納させる体刑ということになるのであるが、日本書紀本文神話がなぜわざわざそのような記述をしなければならないのかという必然性や、日本書紀別伝神話の記述との著しい相違を考えるならば、かなり無理のある解釈と言わざるをえない。

(20) 便宜上、どちらも終止形に改めた。「神やらひやらふ」を追放するという意味ではなく、本人の行きたいところに行かせるという意味に捉えたのは、主として古事記神話の文脈とスサノヲの位置づけ方にもとづいたからであるが、[記紀]（四百十九頁〜四百四十三頁）では、「やらふ」を「やる」と「あふ（合ふ）」の合成語とみて、『古事記』における「やる」の用例と、それに「あふ」がつくことでどのような意味が付加されるのかを詳細に検討し、結論として「やらふ」を「遣わす」という意味で捉えている。本書ではその点も参考にした。ただし、本文でも言及したように、古事記神話の「やらふ」に、積極的に派遣する意味はないように思われる。一方、「逐」を「はらふ」と読む点については、[記紀]もあげているように、日本書紀別伝神話（第七段の第二書）に「逐之、此云波羅賦」という注がつけられている点が重要な根拠となる。ただし、これは別伝神話の注にすぎないので、それを本文神話にまで及ぼしてよいのかという問題もあるであろうが、古事記神話で用いられているだけにすぎず、「逐」の読みとは確認できない「やらふ」を採用するよりは、ずっと理に適っているわけで、なおかつ、「はらふ」という語自体、追放という意味にふさわしいと考えられるので、「逐」を「はらふ」と読むことにしたい。

(21) この点については、[釈二]（三百五十七頁、三百六十三頁〜三百六十四頁）、[全三]（百三十三頁）、[伝一]（三百九十一頁）を参照。

(22) [記紀]（九十一頁〜九十三頁、四百九十一頁〜四百九十五頁）、山田永著『古事記スサノヲの研究』（平成十三年、第一版・第一刷、新典社、二百二十九頁〜二百四十八頁）を参照。

(23) そのことは、稲種を生み出したのは国つ神ではあるが、それを種として与えたのは天つ神であるという関係によって、葦原の中つ国における稲の栽培が、葦原の中つ国と高天原という二つの世界の神による協調関係のもとに成り立っているということを物語っているのであろう。

(24) 亡骸に化生したものの数および種類が異なっている点、そのほかにも、たとえばオホゲツヒメ殺害神話では目に稲種、ウケモチ殺害神話では目に稗が化生したように、亡骸の部位と化生したものとの対応関係が異なっている点などがあげられるであろう。

(25)［古集］（三百四十三頁の八十番の神名、三百七十一頁の百七十二番の神名）を参照。ただし、「ケ」を「ウケ」の省略形と捉えて、両者を区別しない説もある。［伝二］（二百十六頁～二百十七頁）を参照。

［第三章］

(1)「アシナ」を遅稲、「テナ」を速稲と関連づけ、両者を稲の神と捉える解釈もある。［古集］（三百六十九頁の百六十五番と百六十六番の神名）を参照。

(2)［釈二］（三百六十八頁～三百六十九頁）、［日大］（百二十二頁の注一）を参照。ただし、「ろ」を接尾語と捉える説もある。［古集］（五十四頁の注六）、上代語辞典編修委員会編『時代別国語大辞典　上代篇』（昭和四十三年、第一版・第二刷、三省堂、八百四十一頁の「をろち」という項）を参照。

(3)たとえば［古集］の巻末にある付録「神名の釈義」にはヤマタノヲロチは載っていない。

(4)ヒカゲノカズラのことで、コケに似ている。「こけ」と読ませる先行研究も多いが、「ひかげ」と読むことにする。

(5)柏は通常、落葉樹のカシワを指すが、「松柏《まつかへ》」と表現される場合の「柏」は常緑樹のヒノキ類を指す。ここでもそのように理解した。

(6)もっとも、元々の神話で出雲の国にあった高志が朝廷の神話に取り込まれる過程で、越《こし》の国と同一視されるようになったという可能性も考えられる。これと同様に、日本を横断するスケールの大きな話として、アヂスキタカヒコネが粉砕したアマノワカヒコの喪屋が美濃の国にまで飛んでいったことや、タケミカヅチノヲに敗れたタケミナカタが出雲の国から科野《しなの》の国まで逃げていったことがあげられるであろう。

（7）なお、日本書紀別伝神話（第八段の第二書）では、母が妊娠中で、クシナダヒメはまだ生まれておらず、ヤマタノヲロチがスサノヲによって退治されたため、生まれたあと、食べられることなく成長したクシナダヒメがスサノヲの妻となったとしている。スサノヲがクシナダヒメを妻にしたいと依頼したのかは不明である。ほかの別伝神話（第八段の第三書）では、スサノヲがクシナダヒメを妻にしたいと依頼したところ、その両親がまず大蛇を殺してくれれば、受け入れましょうと答えている。断片的な記述なので、この場合にクシナダヒメが大蛇に食べられてしまうことになっていたのかは不明であるが、大蛇の殺害を頼んでいるので、その可能性は高いであろう。

（8）ヤマタノヲロチ退治の神話とペルセウス・アンドロメダ型神話の関係については、［起源］（百六十五頁～百七十頁）、［研三］（百六十六頁～百六十九頁）を参照。

（9）この櫛を通常の大きさではなく、クシナダヒメと同じ大きさであると指摘しているものがある。それにより、そのような大きな櫛を頭に差すことができるスサノヲは巨人であったと見なそうとするのであるが、はたしてそれは妥当であろうか。もしスサノヲが巨人であるとするならば、ウケヒでスサノヲが身につけていた剣をもらいうけて、それを三つに分けて口のなかに入れたアマテラスも巨人ということになってしまうであろうし、アマテラスが巨人であるならば、アマノタヂカラヲのような天の石屋で活躍した八百万《やほよろづ》の神も巨人ということになるであろうし、アマテラスの姿を映した鏡も途方もなく大きな鏡ということになるであろう。それは明らかに不合理である。［古全］（七十頁の注四）を参照。

（10）刀と剣は通常、形状を異にしているが、古事記神話においては「大刀」と「剣」は同じ意味で用いられていて、特に区別されてはいないように思われる。

（11）ただし、この記述は本文神話のなかで、「一書に云はく」という形で登場しており、あたかも本文神話のなかに別伝神話の記述が組み込まれているような形になっている。別伝神話のように、本文神話から独立しているわけではないので、本文神話の一部として扱うべきものと思われるが、本文神話のなかにそのまま組み込まず、「一書に云はく」と表現している点で、本文神話とは若干の距離を置いた記述と言えるであろう。これと似たような記述の仕方は、第二段、第七段、第九段の本文神話にも見られる。

(12) 古事記神話では「わが宮の首《おびと》」、日本書紀本文神話では「わが児《みこ》の宮の首」と記述されている。

(13) 日本書紀別伝神話（第八段の第一書、第二書）では「イナダノミヤヌシスサノヤツミミ」と、「スガ」の部分が「スサ」になっている。さらに第二書の神話では、この神は母親であるテナヅチのことを指している。

(14) 〔神話〕（九頁）、〔論叢〕（九百六頁～九百二十四頁）を参照。

(15) この宮を新婚生活のための建物とだけ捉える先行研究が圧倒的に多いが、〔記紀〕（九十四頁）の、「イナダノミヤヌシスガノヤツミミ」という名が稲作社会の成立を象徴しているという指摘は注目される。

(16) 神武天皇はアマテラスの五世孫、継体天皇は応神天皇の五世孫と位置づけられており、また、慶雲三年に継嗣令《けいしりょう》の皇親規定を改定した格の規定によれば、天皇の五世孫までが皇族の資格を有するとされる。これらにもとづくならば、五世孫までが権威を継承する資格を有していると位置づけられていた可能性が考えられる。したがって、六世孫であるオホクニヌシはスサノヲの権威を継承する資格がないということになるであろう。ただし、元々の継嗣令の規定では五世孫は皇族としての資格を有していなかったので、古い伝承を含んでいると思われる古事記神話と日本書紀神話の記述に対して、この継嗣令の規定がどの程度有効なのかという問題点もあるだろう。

(17) スガノユヤマヌシミナサモルヒコヤシマシノは、古事記神話に出てくるヤシマジヌミに対応する神と思われる。〔古集〕（三百七十頁の百六十九番の神名）を参照。

(18) それ以外にも、特に古事記神話には異名をもつ神が多く登場しているので、ここでいくつかあげておこう。カヤノヒメに「ノヅチ」という異名、タケミカヅチノヲに「タケフツ」や「トヨフツ」という異名、イザナミに「黄泉つ大神」や「道敷《ちしき》の大神」という異名、タキリビメに「オキツシマヒメ」という異名、イチキシマヒメに「サヨリビメ」という異名、オキツヒメに「オホヘヒメ」という異名、オホヤマクヒに「ヤマスヱノオホヌシ」という異名、ナツノメに「ナツタカツヒ」という異名、コノハナノサクヤビメに「アタツヒメ」という異名がある。

(19) [古集]（三百七十四頁～三百七十六頁の百八十六番の神名）、真弓常忠著『古代の鉄と神々』（平成二十年、第一版・第二刷、学生社、四十頁～四十一頁）を参照。

(20) [釈一]（四百頁～四百一頁）を参照。

(21) 「ウツシクニ」については[解四]（百十頁～百十二頁）を参照。

(22) [記紀]（百七頁～百八頁）を参照。

(23) この助言をした神がだれなのかについては問題のあるところで、オホヤビコ、オホナムヂの母親（サシクニワカヒメ）、カムムスヒなどが候補としてあげられている。文脈上で言えば、オホヤビコ、または、母親と捉えるのが自然のようであるが、この助言はその直後に「詔命《みことのり》」と呼ばれている。「詔命」という表現は、かなり格の高い神に対して用いられるものと思われるので、その点から言えば、カムムスヒと捉えた方がよいであろう。しかし、文脈上でそのように読み取ることはかなり難しいと思われる。したがって、断定的に判断することは保留せざるをえない。この点については、[解四]（六十五頁～六十七頁）、[記紀]（百一頁～百二頁）、[古全]（八十頁の注十）、[釈二]（三十頁～三十一頁）、[全三]（二百十二頁、二百十九頁）、「伝一」（四百四十四頁）を参照。

(24) 写本では「沼琴《ぬこと》」と「詔琴《のりこと》」という二つの形が存在しており（ただし、西宮一民編『古事記 新訂版』（平成十二年、新訂版・第十四刷、おうふう、五十六頁の注一）が指摘しているように、真福寺本の「沼」は「治」の字体に近い）、各刊本で一致を見ていない。[古思][古集][古全]は「沼琴」、[古国][古大][訂古」は「詔琴」となっている。「沼琴」であれば、天の沼矛《ぬほこ》と同様に、玉で装飾された琴という意味になるであろうし、「詔琴」であれば、神の託宣に関わる琴という意味になるであろう。どちらに解釈することも可能なので、一方を正しいと断言することはできない。ここでは、とりあえず真福寺本の記述にもとづいて、「沼琴」と表しておくことにしたい。小島憲之解説『国宝　真福寺本　古事記』（昭和五十三年、第一版・第一刷、桜楓社、四十五頁）、西田長男解題『卜部兼永筆本古事記』（昭和五十六年、第一版・第一刷、勉誠社、七十五頁）、［集成］（三百四十一頁）を参照。

(25) ここでは、カムムスヒがスクナビコナにオホナムヂの国作りへの協力を命じたとする従来の解釈とは異なって、カムムスヒは、スクナビコナがオホナムヂの国作りに協力するために現れたことを示したという解釈を取り入れたい。この点については［古全］（九十五頁の注十一）を参照。

(26) カムムスヒという神の位置づけについては、［研二］（八十七頁～八十九頁）、［古集］（三百二十二頁～三百二十三頁の三番の神名）、［達成］（八十二頁～八十四頁）を参照。

(27) そのほかに、使者として地上に遣わされたアマノワカヒコがウツシクニタマの娘であるシタテルヒメと結婚し、葦原の中つ国を支配しようとしたという記述があり、古事記神話では「ウツシクニタマ」はオホナムヂの異名とされ、かつ、シタテルヒメはオホナムヂの娘として位置づけられているので、ここに登場するウツシクニタマがオホナムヂのことを指す可能性も十分考えられるが、日本書紀本文神話の第九段の記述を見るかぎり、このウツシクニタマはオホナムヂと区別された神として位置づけられていると思われるので、それに従った。

(28) 古事記神話では「タケミカヅチノヲ」「タケミカヅチ」という二種類の神名、日本書紀本文神話では「タケミカヅチ」という神名だけが出てくるが、本書では「タケミカヅチノヲ」で統一して表記したいと思う。

(29) 人間と家畜のために病気の治療法を定め、鳥獣や昆虫《はふむし》による災害を防ぐために呪法を定めたと記述されている。また、国作りに関するオホナムヂとスクナビコナの会話が記述されている。なお、この神話ではスクナビコナをタカミムスヒの子であるとしている。古事記神話では、二柱《ふたはしら》いるムスヒの神のなかで、タカミムスヒを高天原のムスヒ、カムムスヒを葦原の中つ国のムスヒと位置づけているように思われるので、この点に違いを見いだすことができるであろう。

(30) 本居宣長の説によれば、幸魂《さきみたま》と奇魂《くしみたま》は和魂《にぎみたま》の働きに対応して設けられた区別であって、別々な魂ではないとされる。そして、幸魂はその身を守って幸を与える働きをする和魂、奇魂は霊妙な徳をもって、万事を知り、様々な事業をなさしむる働きをもつ和魂であるとされる。[伝二](十七頁)を参照。

(31) ただし、系譜で実際に数えられる神は十五世である。この違いについて、アヂスキタカヒコネとコトシロヌシを加えて数えたという説も出されているが、異論もある。[古思](三百四十六頁の補注百)、[古集](七十三頁の注十二)、[古全](九十三頁の注三十四)、[古大](百六頁の注二十五)、[釈二](百二十頁～百二十一頁)、[伝一](五百十五頁～五百十六頁)を参照。また、オホナムヂが二度殺されて蘇ったのを二世と数えたという可能性もあるだろう。

[第四章]

(1) 第一章第一節の「『高天原』という術語」という項で言及したように、日本書紀本文神話では「高天原」という術語が用いられていたとは断言できないが、ここでは便宜上、「天」「天上」などの術語と同一視し、全体を代表する形で、「高天原」という術語を用いている。

(2) [古全](百八頁の注一)、[釈二](百九十七頁～百九十八頁)を参照。

(3) 日本書紀別伝神話では、第一段の第四書、第七段の第一書、第八段の第六書に登場する。これらの神話がどのような関係にあるのかは不明なので、それらの記述をまとめて、タカミムスヒという神の特色を導き出すことはできないように思われる。

(4) [日全] (百十一頁の注六) を参照。

(5) 読み方は [日全] (百十一頁) の読みに従った。なお、[日国] (五十九頁) は、「特《こと》に憐愛《めぐしとをほすみこころ》を鍾《を》き て、以て崇《かた》て養《ひた》したまふ」、[日大] (百三十四頁) は、「特《おごろ》に憐愛《めぐしとおもほすみこころ》を鍾《あつ》めて、崇《かた》て養《ひだ》したまふ」と読ませる。

(6) [記紀] (百五十六頁〜百五十七頁)、[古全] (九十九頁の注十九)、[達成] (百五十頁) を参照。

(7) 厳密に言えば、古事記神話において出雲国造《いづものくにのみやつこ》の祖神《おやがみ》として位置づけられているのは、アマノホヒではなく、その子のタケヒラトリである。

(8) ここでは [日大] (百三十四頁) の読みに従った。[日国] (五十九頁) は「すぐれたる」、[日全] (百一一頁) は「すぐれたるもの」と読ませている。

(9) 出雲国造側の神話を伝えていると思われる「出雲国造神賀詞《かむよごと》」では、アマノホヒは地上の状況を的確に報告しており、それにもとづいて、タケヒラトリとフツヌシが派遣されて、荒ぶる神を平らげ、オホナムヂを媚び鎮め、大八嶋国の現事《あきつこと》、顕事《うつしこと》を任せたことになっている。

(10) [釈二] (百六十四頁)、[全四] (二十九頁〜三十頁) を参照。

(11) 裏切り者のアマノワカヒコを貶めるために敬称をつけなかったとする解釈があるが、それならば、アマノホヒについても同様の扱いがなされたはずであろう。しかし、そうはなっていない。敬称のない普通名詞が特定の神に用いられたため、このような形が保持されたと考えるのが妥当であろう。[古集] (三百九十頁の二百六十五番の神名)、[釈二] (百六十四頁)、[全四] (二十九頁)、[伝二] (五十二頁) を参照。

(12) 正確に言えば、古事記神話では、この場面以降、タカミムスヒは「タカキ」という名で登場することになる。古事記神話自身の説明によれば、「タカキ」は「タカミムスヒ」の「別名《ことな》」とされているが、なぜここでタカミムスヒの名が改められたのかということが大きな問題であろう。この点については、本居宣長以来、多くの先行研究が論じているが、意見の一致はまったく見られていないと言ってよい。筆者としても断定できるような解釈をもちあわせてはいないのであるが、ただ、「タカミムスヒ」から「タカキ」へと名が改められたということは、『古事記』の編纂者が、「タカミムスヒ」という名でその神を表示することが実情にそぐわなくなったと判断していることは十分考えられるであろう。「タカミムスヒ」という神名は、本書の本文でも言及しているように、高天原の発展に関わる存在であることを表し、その意味で、高天原を統括する立場にあるが、天の石屋籠もりの事件を通じて、アマテラスが名実とも高天原の統治者として八百万の神に受け入れられたことにより、このタカミムスヒが統括する立場から身を引いて、アマテラスを補佐する側に回ったということが考えられるのではないであろうか。したがって、それに見合う形で名も改められたと思われるのである。この問題に関する先行研究については、［記紀］（百三十七頁～百三十九頁）、［古集］（七十九頁の注十、八十頁の注三）、［古全］（百三頁の注七）、［釈二］（百七十一頁～百七十三頁）、［伝二］（六十二頁～六十三頁）を参照。

(13) 日本書紀別伝神話（第九段の第一書）では、古事記神話と同様に、占う形で矢に呪いをかけている。

(14) 古事記神話の「きさり持ち」（岐佐理持）は、日本書紀本文神話の「持傾頭者《きさりもち》」に対応していると考えられており、「持傾頭者」の意味をとって、葬送の際に、死者の食事を載せて前屈みになって進む役目を指しているという説があるが、モガリなので、葬送と結びつけるのは不適切であるという批判もある。そもそも、きさり持ちと持傾頭者を同一視してよいのかという問題もあるだろう。したがって、はっきりとした意味は不明であり、モガリの際におこなわれる、なんらかの役目としておくしかない。「掃《ははき》持ち」は喪屋の掃除をする役目、「御食人《みけびと》」は死者に供える食事を作る役目、「碓女《うすめ》」は臼で米をつく役目、「哭女《なきめ》」はモガリの儀式で泣く役目と思われる。［古思］（八十六頁の注、三百五十頁の補注百十二）、［古集］（八十一頁の注十四

～注十八）、［古全］（百四頁の注三、注四、注六～注八）、［釈二］（百七十八頁～百八十一頁）、［伝二］（七十頁～七十三頁）を参照。

（15）古事記神話や日本書紀本文神話に出ていない役目として、つぎのようなものが登場している。「尸者《ものまさ》」は死者の代わりをする役目、「造綿者《わたつくり》」は死者の衣服を作る役目、「宍人者《ししひと》」は肉を料理する役目とされる。［日全］（百十四頁～百十五頁の注十二、注十五、注十六）、［日大］（百三十七頁の注十六、注十九、注二十）、角林文雄著『『日本書紀』神代巻全注釈』（平成十一年、第一版・第一刷、塙書房、三百五十九頁）を参照。

（16）［系二］（六十二頁～六十三頁）、［釈二］（百八十一頁）を参照。

（17）『古事記』『日本書紀』の編纂者の解釈というレヴェルで問題にしてはいるものの、アヂスキタカヒコネが登場する理由として、この神の信仰が広い地域で根強く支持されていて、その支持者を「記紀の伝承」につなぎとめるためだったのではないかという指摘がある。その一方で、アヂスキタカヒコネは記紀の神話の構想において活躍する場が与えられず、重視されない神になっているとも指摘している。［系二］（七十三頁）を参照。しかし、タケミナカタのように、神話に登場する機会があっても、天つ神側に敗れて逃げ去り、命乞いをしたという記述がされる場合、この神は重視されているということにはならないであろう。国譲り交渉の話のなかにアヂスキタカヒコネを登場させることは、結局、この神を敗北者の側に位置づけることになってしまう可能性がある。したがって、古事記神話と日本書紀神話がもとづいていた神話は、オホナムヂの子であるアヂスキタカヒコネを、そのような位置づけから免れさせていると捉えることもできるのではないであろうか。

（18）イハツツノヲはイハサク、ネサクの兄弟として位置づけられており、また、イハツツノメは登場していないのである。

（19）［伝二］（三百五十一頁）を参照。

(20) 古事記神話には「タケフツ」「トヨフツ」という、フツヌシを思わせる神名が現れていて、これらはタケミカヅチノヲの亦の名とされている。つまり、古事記神話においては、フツヌシは独立した神とは捉えられず、タケミカヅチノヲに同化させられてしまった可能性が考えられるのである。

(21) [系二]（百二十七頁~百二十八頁）を参照。

(22) 物部氏は後に石上《いそのかみ》氏と改めた。上級貴族となった者として、麻呂（左大臣）、乙麻呂（中納言）、宅嗣《やかつぐ》（大納言）などがあげられる。

(23) 日本書紀別伝神話を見ると、第九段の第一書では、タケミカヅチノヲの方がフツヌシよりも先にあげられていて、順位が逆転しており、同段の第二書では、フツヌシとタケミカヅチノヲが並び立つが、フツヌシだけの活躍を記述している。

(24) この船は「熊野の諸手船」と呼ばれ、亦の名を「天の鴿《はと》船」と言う。古事記神話が船を神格化し、神として捉えているのに対して、日本書紀本文神話では文字どおり、船として捉えている点に違いがある。

(25) 「タケミナカタ」という神名について、「タケ」が勇猛さを表しているのは自明なことであるが、「ミナカタ」をどう捉えるかについては、「水潟」と捉えて、諏訪湖の神としたり、「南方」と捉えて製鉄炉の南側の柱に由来する製鉄の神としたりするなど、諸説があって定まらない。このタケミナカタについては、オホナムヂの子とはっきり位置づけられていながらも、それに先立って記述される、オホナムヂの子孫の系譜に登場していない点が従来、問題にされている。しかし、この系譜はオホナムヂの子孫を網羅するものではけっしてないであろう。実際、古事記神話では、オホナムヂの子は「百《もも》八《や》十《そ》の神」（ただし、大勢の意味であって、実数は百八十柱ではない可能性もある）いると述べているが、この系譜に出てくる子はわずか四《よ》柱《はしら》にすぎないのである。この系譜は、オホナムヂの子孫のなかでも、「十七世《とをよあまりななよ》の神」という特定の系譜について語るものであると捉えるべきであろう。ただし、その場合、アヂスキタカヒコネとその妹タカヒメ、コトシロヌシが十七世の神のなかに組み込まれていないにもかかわらず、登場している点が問題となるが、それは、これらの神が特別な神であるという認識のもとに、おそらくは古事記神話編纂の過程で加えられたのではないかと思われる。

(26) 日本書紀本文神話には、「諸の順《まつろ》はぬ鬼神《かみ》等を誅《つみな》ひ」とある。また、本文神話に含まれる別の神話では、カカセヲという神が最後まで抵抗したため、タケハツチという神を遣わして服従させたという。古事記神話、日本書紀本文神話ともに、武闘神に対して武力で抵抗した神が存在していたという点で一致するが、古事記神話の場合、タケミナカタは父オホナムヂに代わって返答するという役割との関連で、自らの腕力を披露するのであって、日本書紀本文神話のように、すでにオホナムヂが帰順を示しているにもかかわらず、依然として服従しない神が存在したというのとは事情が違う可能性があるだろう。つまり、日本書紀本文神話の記述では、オホナムヂは葦原の中つ国全体を完全に掌握しきれていないことになるのである。

(27) ［古全］（百十頁の注十一）、［伝二］（十五頁～十六頁）を参照。［古集］（八十七頁の注九）は単に「造営する」と解釈するが、それでは不十分なように思われる。

(28) ［伝二］（百二十三頁～百二十四頁）に代表されるように、このときに建てられた天の御舎《みあらか》を、オホクニヌシを祭る神社、すなわち、杵築《きづき》大社（現在の出雲大社）と捉える説があるが、原文の記述にもとづくかぎり、そのような理解にはならないであろう。このときに建てられたのは、オホクニヌシが天つ神を迎えて饗宴を催すための建物なのである。この点については［記紀］（百六十九頁～百七十二頁）を参照。

(29) 第九段の第二書では、タカミムスヒの命令という形で、皇孫《すめみま》が顕露之事《あらはなること》、オホナムヂが神事《かくれたること》を担うという役割分担が示され、さらにオホナムヂが住む天の日隅《ひすみ》の宮を立派につくることや、オホナムヂを祭る役目をアマノホヒが司ることなどが説かれている。

(30) ［古全］（百十三頁の梗概）を参照。

(31) 日本書紀別伝神話のほとんどの神話がタカミムスヒを中心とする描き方になっているのに対して、この第一書では、アマテラスだけが活躍し、タカミムスヒの名はまったく見られない。何度か登場する「天つ神」がタカミムスヒのことを指しているように思われるが、通例ではタカミムスヒの娘として位置づけられるヨロヅハタトヨアキツヒメ（古事記神話ではヨロヅハタトヨアキツシヒメ）も、オモヒカネの妹と紹介されている点を考慮するならば、この神話ではタカミムスヒの存在が徹底的に封じられていると言っても過言ではないであろう。

(32) ただし、厳密に言えば、古事記神話の立場は、高天原における司令神や皇祖神の中心にアマテラスを据えているとは言っても、タカミムスヒに対する十分な配慮もなされていて、アマテラスの主導ではありながら、両神の共同ということが重視されている。したがって、日本書紀別伝神話（第九段の第一書）に見られるような、アマテラスだけの活躍を説いている神話とも趣をかなり異にするであろう。

(33) この点は、同様に真床追衾《まとこおふふすま》（ただし、日本書紀別伝神話では「真床覆衾」となっている）が出てくる第九段の第四書、第六書の記述においても一致している。

(34) 「五伴緒《いつのとものを》」とは特定の職掌をもつ集団を代表する存在と考えられる。ここでは、特に祭祀に関わる職掌を分担する神が登場している。このような神が随行するということは、高天原の祭祀がそのまま地上へともたらされることを意味しているであろう。それとともに、これらの神を祖神としている豪族の名が誇示されることで、神話を根拠にして、これらの豪族の職掌が保証されていることにもなるのである。この点については［釈二］（二百三十九頁～二百四十一頁）を参照。

(35) この三つの物が三種の神器ということになるが、日本書紀本文神話の記述では、ホノニニギがこれらを賜ったとは明示されていないため、三種の神器は神話上の起源を欠いていることになるであろう。なお、日本書紀別伝神話（第九段の第一書）では、アマテラスがホノニニギに八坂瓊の曲玉、八咫《やた》の鏡、草薙の剣という三種《みくさ》の宝物を授けたと記述している。

(36) 古事記神話にはサルタビコの姿に関する具体的な描写は存在しないが、日本書紀神話で唯一サルタビコに言及している別伝神話（第九段の第一書）には詳しい描写が存在している。それによると、鼻が長く、天の八衢《やちまた》（ただし、日本書紀別伝神話では「天の八達之衢《やちまた》」と表記されている）で座っている座高から推定して、大男であることが示され、口尻《くちわき》（口の両端の意味か。「口と尻」と理解するものもあるが、座っているのだから、尻は見えないであろう）が輝き、目は八咫の鏡のようで、その色は赤いと記述されている。これらの記述から、異形の神として捉えられていたと言ってよいであろう。［日全］（百三十頁の注六）、［日大］（百四十八頁の注一）を参照。

(37) 「猿女君《さるめのきみ》」や「猿田毘古」に用いられる「猿」の字については、写本によって「猨」になっているものがあり（なお、誤写として「授」「後」などの表記も見られる）、さらに同一の写本でも、両方の字が混在している場合もある。ここでは便宜上、「猿」に統一して表記しておきたい。［集成］（五百三十一頁、五百五十頁～五百五十二頁、五百五十五頁）を参照。

(38) 神話に登場する神を特定の氏族の祖神であると述べる記述は、古事記神話においてかなり見られるのであるが、ここまで詳細な形で記述されるのは猿女君以外にはない。このことは、『古事記』の誦習《しょうしゅう》をおこなったとされる稗田阿礼《ひえだのあれ》が、この猿女君の末裔であるとされる点と無関係ではないであろう。

(39) ［伝二］（二百八頁）を参照。なお、［全四］（百九十七頁）は、ことさらに「伊勢」と言わなくても、「阿耶訶」と言えば、伊勢のことであることが自明のような語り振りであると指摘している。

(40) これがどういう貝であるかについては従来、不明とされている。ただし、［伝二］（二百八頁～二百九頁）では「月日貝」と呼ばれる貝なのではないかと推測している。

(41) ［釈二］（二百五十六頁～二百五十七頁、二百八十二頁～二百八十三頁）を参照。

(42) 日本書紀別伝神話（第九段の第一書）では、サルタビコは「伊勢の狭長田《さながた》の五十鈴《いすず》の川上に到る」と述べている。言うまでもなく、この場所は伊勢神宮の内宮に近接している。

(43) ［釈二］（二百八十七頁〜二百八十八頁）が指摘しているように、この滑稽さは、ホデリが溺れ苦しんでいる様子にも通じるところがあるであろう。さらにヤマトタケルがイヅモタケルを騙し討ちにして、その愚かさを嘲って、歌を詠んだときの記述も、それとの関連で捉えられるであろう。このように服属させられる者は悲惨な形ではなく、滑稽な形で語られる場合がある。それは悲惨な印象、さらには、そのような仕打ちをした側の残忍な印象を薄める効果を意図している可能性もあるだろう。

(44) この点については、［釈二］（二百六十五頁〜二百六十八頁）、［伝二］（百九十頁〜百九十三頁）、［日全］（百二十頁の注三）を参照。

［第五章］

(1) この点については［神話］（百九頁〜百十一頁）を参照。

(2) フツヌシも日本書紀別伝神話にある神話（第九段の第一書、第二書）に登場しており、コトカツクニカツナガサと状況は同じである。ただし、フツヌシの場合、古事記神話ではタケミカヅチノヲの異名として「タケフツ」「トヨフツ」があげられており、おそらく同じ武闘神ということで、タケミカヅチノヲに吸収されてしまった可能性があると思われる。

(3) 日本書紀別伝神話（第九段の第二書）ではコトカツクニカツナガサを「国主」と呼んでいる。

(4) 垂仁天皇が、美知能宇斯王《みちのうしのみこ》の娘である比婆須比売命、弟比売命、歌凝比売命《うたこりひめのみこと》、円野比売命《まとのひめのみこと》の四人を召し上げたが、歌凝比売命、円野比売命の二人は醜いという理由で送り返されることになり、そのなかの円野比売命はそれを苦にして自殺したという話。『日本書紀』にも、召し上げた娘の人数や名前、追い返された娘などで一致しない点があるものの、同様の話が載っている。

(5) ホノニニギの結婚の神話とバナナ型神話の関係については、[研三]（六百八頁〜六百二十三頁）を参照。

(6) アシナヅチがスサノヲに名のりをあげたときと、スサノヲの子孫に関する記述で、カムオホイチヒメとコノハナノチルヒメに言及するときに、オホヤマツミの子または女《むすめ》であるということが示されている。

(7) 日本書紀別伝神話（第九段の第二書）ではオホヤマツミのウケヒに関する記述はなく、醜さゆえにホノニニギに追い返されたイハナガヒメが、コノハナノサクヤビメの子は花のように儚い存在となるであろうと呪ったと記述しており、また、それとは別に、イハナガヒメが顕見蒼生《うつしきあをひとくさ》は花のように儚《はかな》い存在となるであろうと呪ったとも述べている。前者は天皇の死の由来について、後者は人間の死の由来について示すものとなっている。

(8) [釈二]（三百四頁〜三百六頁）、[日全]（百二十一頁の注二十一）を参照。

(9) 古事記神話の場合は「わたしが妊娠した子が、もし国つ神の子であるならば、生むときに無事ではないであろう。もし天つ神の御子であるならば、無事でしょう」、日本書紀本文神話の場合は「わたしが妊娠したのが、もし天孫《あまみま》の御子でないならば、必ず焼け滅びるでしょう。もし本当に天孫の御子ならば、火も害することはできないでしょう」となっていて、古事記神話では国つ神と天つ神という対比がなされるのに、日本書紀本文神話では国つ神についての言及がない点、古事記神話では火の害についての言及がないのに、日本書紀本文神話では火の害についての言及がある点で、両神話に違いが見られる。

(10) 名前のとおり、尾張の国に勢力をもった豪族であり、尾張連《をはりのむらじ》の祖と位置づけられる奥津余曽《おきつよそ》の妹である余曽多本《よそたほ》毘売（『日本書紀』では瀛津世襲《おきつよそ》の娘である世襲足《よそたらし》媛）が孝昭天皇の皇后となって、のちに孝安天皇となる皇子を生んだり、尾張草香の娘の目子《めのこ》媛が継体天皇の妃となって、のちに安閑天皇、宣化天皇となる皇子たちを生んだりと、天皇家と姻戚関係をもっていたことが知られている。

（11）［神話］（百十一頁〜百十三頁）を参照。

（12）ただし、日本書紀別伝神話（第十段の第四書）だけは、山サチを得る者が兄、海サチを得る者が弟としていて、ほかの神話とは逆になっている。

（13）さらに「人に幸あれ」という言い方があるように、獲物をとらえて、食べ物を得ることができたときの幸福感と結びつけられ、サチは幸福をも意味するようになるのである。

（14）日本書紀別伝神話（第十段の第三書）では、サチの交換は兄の希望によっておこなわれている。なお、［釈二］（三百十四頁〜三百十五頁）は、弟の希望、両者の希望、兄の希望という三つの記述のなかで、兄が希望したとする記述を話の運びとしてもっと自然とし、古事記神話に見られる弟による希望を、バランスを欠いたものと指摘しているが、そのような理解は妥当であろうか。①弟が気の進まない兄に再三頼んで、サチを交換してもらい、②兄の予感していたとおりに、交換したサチでは獲物がとれないので、兄がサチを元に戻すように提案し、③その際、弟が兄のサチをなくしていたことがわかり、兄が怒るという形で、サチを交換しても獲物をとれるわけがないと予感していた兄に対して、弟が無理強いしてサチの交換をおこなったとした方が、そのあとの兄の怒りの激しさともつながって、より自然なように思われるのである。

（15）これをどう読むかについては、本居宣長によって考察されており、「ヒダカ」と呼んでいる。［研三］もこの読みを採っている。これに対して、「ヒコ」の読みを採るのは［古思］［古集］［古大］［釈二］［全四］である。［全四］（百三十四頁）は日本書紀神話の記述を根拠にして、本居宣長の説を誤りと断定しているが、筆者から見れば、古事記神話と日本書紀神話の記述を無条件に同一視しようとする発想こそ、誤りを生み出す根本的な原因であると思われる。本書では［古全］（百十三頁の注十四）および［伝二］（百四十二頁〜百四十三頁）にもとづいて、清音の「ヒタカ」という読みを採ることにする。

（16）日本書紀本文神話の記述についても、古事記神話と同じように、井戸の水にホヲリの姿が映ったとする解釈があるが、果たして妥当であろうか。その解釈では、実際に記述としては存在していない「水影を見て」という表現が省略されていると見るのであるが、そのような表現が省略されているとする根拠はどこにもない。古事記神話とは異なり、日本書紀本文神話では、ホヲリは木の上ではなく、木の下にいたのであるから、井戸の水に姿が映っていたとは考えにくい。トヨタマビメが井戸から水を汲もうとしていたとき、だれかの気配を感じ、顔をあげて見たと考える方が自然なのではないであろうか。［日全］（百五十八頁の注二十一）を参照。

(17) その呪文は第十段の第一書では「貧窮《まぢ》の本、飢饉《うゑ》の始、困苦《くるしび》の根《もと》」、同段の第二書では「貧鉤《まづち》、滅《ほろび》鉤、落薄鉤《おとろへ》」、同段の第三書では「大鉤《おほ》、踉蹡鉤《すすのみ》、貧鉤、痴騃鉤《うるけ》」、同段の第四書では「汝《いまし》が生子《うみのこ》の八十連属《やそのつづき》の裔《のち》に、貧鉤、狭狭《ささ》貧鉤」となっている。

(18) 古事記神話ではワタツミ自身が「吾、水を掌《つかさど》る」と述べている。なお、「掌」の読みは［古全］（百三十一頁の注十五）にもとづいた。

(19) 隼人が狗《いぬ》の泣き声をして朝廷に奉仕していたことと、あとに出てくる隼人舞については、［伝二］（二百七十一頁〜二百七十四頁）を参照。

(20) 鵜と安産の関係については［日大］（五百七十五頁の補注二の三十二）を参照。

(21) 古事記神話には「和邇《わに》」と呼ばれる生き物が登場している。この「和邇」はワニやサメのことであると指摘されることが多いが、何度も登場する「和邇」がすべて同じ生き物を指していて、しかも、わたしたちが知っている生き物に該当するとは必ずしも断言できないであろう。あくまでも神話に登場する生き物なので、実際に存在する生き物とも重なるが、稲羽の素兎《しろうさぎ》やヒキガエルとされるタニグクのように、それだけには還元しきれない特色を合わせもっているという可能性も考えられるのである。事実、日本書紀本文神話では龍になるのであって、まさに虚実入り交じった存在であると言えるであろう。

（22）日本書紀別伝神話（第十段の第三書）には古事記神話の歌に似た歌が出てくる。ただし、歌の順番が入れ替わっており、［釈二］（三百五十九頁〜三百六十頁）が指摘しているように、古事記神話でホヲリを誉め称えている歌が、日本書紀本文神話ではその子のウカヤフキアヘズを誉め称えている可能性も考えられる。

（23）正確に言えば、古事記神話では末子として「ワカミケヌ」（「ケ」は食物の意味）の名があげられ、その亦の名として、「トヨミケヌ」と「カムヤマトイハレビコ」があげられている。日本書紀本文神話では末子として「カムヤマトイハレビコ」の名しかあげられていないが、日本書紀別伝神話（第十一段の第一書）には、カムヤマトイハレビコの年少のときの名として「サノ」（「サ」は神稲の意味）があげられている。これらのことを総合して考えると、ウカヤフキアヘズの四柱の子は、いずれも稲に関わる神であることが示されていることになる。この点については、生んだ母のタマヨリビメが穀霊であることを理由にあげる指摘もあるが、海の神であるワタツミの娘を穀霊と捉えるのは無理があるだろう。むしろ、稲の神であることを思わせないようなウカヤフキアヘズに対して、改めて天つ神の御子が稲の神であることを再認識させるために、ウカヤフキアヘズのすべての子が稲に関わる存在であるということを示したのではないであろうか。［日全］（百八十七頁の注十六）を参照。

（24）古事記神話の記述によれば、スサノヲは、オホヤマツミの孫にあたるクシナダヒメと結婚して、ヤシマジヌミをもうけ、さらにオホヤマツミの娘カムオホイチヒメと結婚して、オホトシとウカノミタマをもうけた。ヤシマジヌミは、オホヤマツミの娘コノハナノチルヒメと結婚して、フハノモヂクヌスヌをもうけた。このようにスサノヲの系譜はオホヤマツミと密接に関係しているのである。

あとがき

本書では、『古事記神話と日本書紀神話』と題して、古事記神話と日本書紀神話――特に本文神話――を比較し、その違いについて様々な考察を加えてきた。その考察結果からもわかるように、両神話には実に多くの違いが存在しているのであって、古事記神話と日本書紀神話は、編纂の際に用いた資料としては、おそらく似たような神話伝承であった可能性が想定されるが、結果的にはそれぞれで大きく異なる神話の体系化を図っていったと言うべきであろう。

古事記神話と日本書紀神話は従来、「記紀神話」という形で同一視され、その都度、それぞれの記述を都合よく取り入れた解釈がなされてきた。たとえば自分の子孫が地上の正統な統治者であることと、その永遠の繁栄を宣言した、アマテラスによるいわゆる「天壌無窮の神勅」というのも、日本という国土を統治する上で象徴的な出来事のように語られることがあるが、実際のところ、その記述は古事記神話や日本書紀本文神話に見られるものではなく、日本書紀別伝神話（第九段の第一書）だけに見られるにすぎないのである。そもそも、日本書紀本文神話では、古事記神話とは異なり、国つ神に国を譲るように迫る際、アマテラスは指導的な役割をまったく果たしていない。「天壌無窮の神勅」

は日本神話における表現方法の一つなのであって、それが日本神話の立場全体を表す唯一のものではないのである。

この例のように、「記紀神話」という枠組みは、古事記神話、日本書紀神話——日本書紀神話の場合、さらに本文神話と別伝神話——に見られる様々な違いを曖昧にして、何らかの都合のよい解釈を引き出すための怪しげな仕掛けのように思えてならないのである。

本書では、古事記神話と日本書紀神話の記述を都合よく取り入れた解釈を排して、両神話の記述の違いをはっきりさせることに最大限の努力を払ってきた。それは日本神話の魅力を損減するものではけっしてない。むしろ、それとは正反対に、日本神話の伝承的な多様性に注目して、その意味的な豊かさを強調しようとするものである。

高天原という世界を前提とするかどうか、黄泉つ国という死に関わる世界に言及するかどうか、スサノヲを悪神と捉えるかどうか、タカミムスヒとアマテラスのどちらを皇祖神として位置づけるか、天つ神に対抗しうるオホクニヌシという神の存在を認めるかどうか、タケミカヅチノヲとフツヌシのどちらを国譲りの功労者とするかなど、日本神話は実に多様なのであって、それらのどちらかが唯一正しいというわけではなく、それぞれ相応の必然性を伴って生み出されたものとして理解すべきであろう。そして、そのような理解を積み重ねることが、おそらくほぼ同じ時期に成立したと思われる古事記神話と日本書紀神話という二つの神話体系が、そのあとも併存し続けたという理由を説き明かす鍵にもなるであろう。

さらに言うならば、日本神話の多様性は『古事記』と『日本書紀』に限られるものではない。地域の神話をも記録している『風土記』、特定の豪族が伝える神話を含んでいると思われる『古語拾遺』『先代旧事本紀』「出雲国造神賀詞」、そのほかにも様々な祝詞や各地の神社に伝えられる御由緒の話なども、日本神話というものを考える上で十分に注目すべきであろう。それらにおいて様々な形で説かれている神話には、『古事記』や『日本書紀』とはまったく異質な世界や神が登場しているものもある。このような日本神話の全貌に迫ってゆくことこそ、筆者が研究において志すものである。本書を通して、日本神話が実に多様で豊かな内容をもっていることを感じてもらえるならば、本書刊行の目的は十分にかなえられたと言えるであろう。

平成二十七年十月　　アマテラスやスサノヲが生まれた地とされる九州にて

岸根敏幸

初出一覧

本書採録の際に修正や加筆をおこなっている場合がある。

第一章の一、二
「『古事記』神話と『日本書紀』神話の比較研究――特に別天つ神、神世七代、および、国生みをめぐって――」（『福岡大学人文論叢』第四十四巻・第四号、平成二十五年三月）
第一章の三、四、五
「古事記神話と日本書紀神話の比較研究――特に神生み、黄泉つ国往還、統治する神をめぐって――」（『福岡大学人文論叢』第四十五巻・第三号、平成二十五年十二月）
第二章の一、二
「古事記神話と日本書紀神話の比較研究――特にスサノヲのウケヒと天の石屋篭もりをめぐって――」（『福岡大学人文論叢』第四十六巻・第二号、平成二十六年九月）
第三章の一、二
「古事記神話と日本書紀神話の比較研究――特にヤマタノヲロチ退治とオホナムヂへの言及をめぐって――」（『福岡大学人文論叢』第四十六巻・第四号、平成二十七年三月）
第四章の一、二
「古事記神話と日本書紀神話の比較研究――特に天降りの経緯と使者の派遣をめぐって――」（『福岡大学人文論叢』第四十七巻・第一号、平成二十七年六月）
第五章の一、二
「古事記神話と日本書紀神話の比較研究――特にホノニニギとホヲリの軌跡をめぐって――」（『福岡大学人文論叢』第四十七巻・第三号、平成二十七年十二月）
第二章の三、第三章の三、第四章の三、四、第五章の三は新稿である。

《著者紹介》
岸 根 敏 幸（きしね　としゆき）
昭和三十八年、尾道うまれ。横浜そだち。早稲田大学第一文学部、東京大学大学院人文科学研究科を経て、博士（文学）の学位を取得。現在、福岡大学人文学部教授。専門は神話学、宗教学、仏教学。研究テーマは「神話と宗教を中心とする思想文化研究」。単著書に『チャンドラキールティの中観思想』（平成十三年、大東出版社）、『宗教多元主義とは何か――宗教理解への探求――』（平成十三年、晃洋書房）、『日本の宗教――その諸様相――』（平成十六年、晃洋書房）、『日本の神話――その諸様相――』（平成十九年、晃洋書房）がある。

古事記神話と日本書紀神話

二〇一六年四月一〇日　初版第一刷発行
二〇二三年一〇月五日　初版第四刷発行

著　者　岸根敏幸©
発行者　萩原淳平
印刷者　田中雅博

発行所　株式会社　晃洋書房
京都市右京区西院北矢掛町七
電話　〇七五（三一二）〇七八八（代表）
振替口座　〇一〇四〇―六―三二二八〇

著者の了解により検印省略
＊定価はカバーに表示してあります

印刷・製本　創栄図書印刷（株）
ISBN 978-4-7710-2665-0

JCOPY 〈（社）出版者著作権管理機構　委託出版物〉
本書の無断複写は著作権法上での例外を除き禁じられています。複写される場合は、そのつど事前に、（社）出版者著作権管理機構（電話 03-5244-5088、FAX 03-5244-5089、e-mail : info@jcopy.or.jp）の許諾を得てください。

日本の神話
——その諸様相——

岸根敏幸 著

日本の神話に関する諸問題の中で、特に興味深い五種のテーマ——「日本神話の世界観」「日本神話の神観念」「スサノヲのウケヒをめぐる諸伝承」「ホノニニギとホヲリの神話」「風土記の神話」——を取り上げて、その具体的な諸様相について考察する。

四六判 二一四頁 ◎二五三〇円（税込）

日本の宗教
——その諸様相——

岸根敏幸 著

日本において展開されてきた宗教の思想および文化に関わる諸事象の中でも、とりわけ興味深い七種のテーマ——日本神話、八幡信仰、因果応報の観念、御霊信仰、神仏習合、地獄観、キリスト教の伝来——を取り上げ、その具体的な諸様相について考察する。

四六判 二〇四頁 ◎二五三〇円（税込）

宗教多元主義とは何か
——宗教理解への探求——

岸根敏幸 著

宗教間の対話や相互理解の問題とも密接に関わっている宗教多元主義（Religious Pluralism）を、現代における宗教理解のキーコンセプトとして捉え、その位相、成立要因、具体的な理論、問題などを多角的に考察した、宗教多元主義への入門書である。

四六判 二〇二頁 ◎二五三〇円（税込）